Maria Tsouki

111 Orte auf Korfu, die man gesehen haben muss

Mit Fotografien von Maria und Sofia Tsoukis

111

emons:

Bibliografische Information der Deutschen Nationalbibliothek
Die Deutsche Nationalbibliothek verzeichnet diese Publikation in der Deutschen Nationalbibliografie; detaillierte bibliografische Daten sind im Internet über http://dnb.d-nb.de abrufbar.

MIX
Papier aus verantwortungsvollen Quellen
FSC® C083411
www.fsc.org

Layout: Eva Kraskes, nach einem Konzept
von Lübbeke | Naumann | Thoben
Kartografie: altancicek.design, www.altancicek.de
Kartenbasisinformationen aus Openstreetmap,
© OpenStreetMap-Mitwirkende, ODbL
Druck und Bindung: CPI – Clausen & Bosse, Leck
Printed in Germany 2021
ISBN 978-3-7408-1065-8
Originalausgabe

Vorwort

Wer einmal auf Korfu war, kommt bestimmt wieder. Mindestens noch einmal, meistens öfter. Die Insel lässt niemanden kalt, sie bezaubert und fasziniert. Mit ihrer Vielfalt und Einzigartigkeit weckt sie Neugier. Korfu lädt ein – vielmehr schreit danach, entdeckt zu werden.

Nehmen Sie die Einladung an! Streifen Sie durch die Landschaft, schauen Sie, fühlen Sie, atmen Sie ein. Immer blüht und duftet es irgendwo am Rand der uralten Eselspfade oder in den riesigen Ölgärten, wo kein Baum wie der andere ist. Erleben Sie die stolze Stadt mit ihren majestätischen Bauten und ihrem aristokratischen Charme. Ihre Gassen und Plätze erzählen Geschichten, Anekdoten, Besonderheiten, enthüllen Geheimnisse. Aber besuchen Sie auch die mittelalterlichen Dörfer, jedes eine kleine Welt für sich. Schlendern Sie durch die gepflasterten Gässchen und lassen Sie sich auf ihre gastfreundlichen Bewohner mit ihren uralten Traditionen ein.

Die Korfioten sind extrem gastfreundlich, besonders auf den Dörfern, aber auch ein bisschen verrückt, sagt man. Ihre Fröhlichkeit steckt an. Sie sind locker und herzlich, lieben die Musik und den Gesang. Sie sind traditionsbewusst und gleichzeitig weltoffen, interessiert, fast schon neugierig. Erwidern Sie ihren Gruß und ihr Lächeln, kommen Sie mit ihnen in Kontakt und lassen Sie sich auf das echte, das ursprüngliche Korfu ein.

Liebe Leser, wir laden Sie zu 111 Ausflügen quer durch Korfu ein und präsentieren Ihnen ausgewählte und typisch korfiotische Eigenheiten. Folgen Sie uns, und Sie werden der Insel und ihren Bewohnern ein Stück näherkommen.

Viel Freude mit unserem Mutter-Tochter-Projekt!

Maria und Sofia Tsoukis

111 Orte

1 Die Zwillingsbucht

Was aus dem #Geheimtipp geworden ist

Vor zehn Jahren war Afionas ein Geheimtipp. Das kleine Dorf am äußersten nordwestlichen Ende der Insel punktet nämlich mit einer Natursehenswürdigkeit: Auf einem sattgrün bewachsenen und mit viel Phantasie an ein Riesenkrokodil erinnernden Kap liegen sich zwei kleine Buchten gegenüber, die nur durch einen sehr schmalen Landgürtel voneinander getrennt sind. Je nach Sonnenstand und Wetter kann man von oben ein großartiges Selfie machen: #Wow! #takemetherenow … In Zeiten von Instagram und Co. bleibt ein Geheimtipp aber nicht lange geheim, und so ist es auch der Zwillingsbucht ergangen.

Man sollte früh aufstehen, wenn man sich auf den Weg nach Afionas macht. Dann hat man nämlich noch eine reelle Chance auf einen Parkplatz entlang der einzigen Straße oder zumindest auf einem Bezahlparkplatz. Wer es wagt, bis ganz nach oben zu fahren, sollte gut rangieren können, denn auf dem kleinen Kirchplatz, der notgedrungen als Wendekreisel fungieren muss, ist die Straße zu Ende.

Am besten geht man also gleich zu Fuß, aber bitte mit gutem Schuhwerk, denn der Weg hinunter zu den Buchten ist felsig, und es rollen auch schon mal Steine. Jedes Jahr rücken mehrfach Feuerwehr und Bergrettung an, um schlecht beschuhte Wanderer mit Knöchelschmerzen aus dem Gebüsch zu ziehen. Apropos Gebüsch: Weil es in den »einsamen« Buchten keine Toiletten und keine geregelte Müllabfuhr gibt, wird das Grün mitunter für Entsorgungen genutzt – zur Freude der Wespen und anderen Getiers.

Doch keine Sorge: Afionas ist eins der schönsten Dörfer auf Korfu, die man gesehen haben muss, und auch die Zwillingsbucht hat ihren Reiz nicht verloren – jedenfalls am Morgen und in der Vor- und Nachsaison. Wer aber immer schon mal wissen wollte, wie es sich in einer Seehundkolonie anfühlt, für den ist vielleicht ein Nachmittag im August in der Zwillingsbucht genau das Richtige.

Adresse Afionas, 49081 Korfu | **ÖPNV** Grüner Bus, Linie A 6, Ausstieg an der Kirche von Afionas, von dort das alte Dorf durchqueren, am Dorfende beginnt der Abstieg zu den Buchten | **Anfahrt** Der Ort ist vom Troumpetta-Pass aus ausgeschildert, die Strecke führt durch die Dörfer Agros, Aspiotades und Dafni. In Afionas ist die Straße zu Ende. | **Tipp** Neben der Kirche findet man in dem kleinen Shop »Oliven und Meer« liebevoll ausgesuchte Souvenirs zu diesen beiden Themen.

2 Die Heiligen Zehn

Was macht der Golfball oben auf dem Berg?

Wenn man von Korfu Stadt aus in Richtung Süden auf der Landstraße nach Lefkimmi unterwegs ist, drängt sich irgendwann ein großer grüner Berg ins Blickfeld. Auf seiner Kuppe thront unübersehbar eine weiße Kugel, die von Weitem wie ein überdimensionaler Golfball erscheint. Das ist der 573 Meter hohe Agii Deka, der zweithöchste Berg Korfus. Sein wuchtiges Massiv dominiert fast die gesamte Breite der Insel (die an dieser Stelle allerdings auch nur ein paar Kilometer misst) und zwingt die zweispurige, im Sommer meist verstopfte »Schnell«straße zwischen seinen üppig bewachsenen Fuß und den auf ein Minimum reduzierten Strand.

Seinen Namen Agii Deka (Die Heiligen Zehn) erhielt der Berg von dem gleichnamigen Dorf, das 120 kretische Flüchtlinge im 17. Jahrhundert in eine seiner Flanken bauten. Hier feierte im Jahr 1877 der berühmte irische Poet und Philhellene Oscar Wilde das orthodoxe Osterfest. Und das kleine Dorf inmitten der üppigen Flora inspirierte ihn anscheinend so sehr, dass er ihm sein Gedicht »Santa Decca« widmete, in dem er sich mit der antiken und aktuellen Götterwelt auseinandersetzte.

Apropos Götterwelt: Für die Dörfer Mittelkorfus war der Agii Deka einst das, was der Pantokrator (siehe Ort 92) für den Norden war: ein Pilgerziel. Auf einer Hochebene kurz vor dem Gipfel wartet ein verlassenes, aber gut erhaltenes Kloster immer noch darauf, dass man hier eine Kerze anzündet. Und wenige Meter oberhalb kann man dann den »Golfball« aus der Nähe betrachten. Er entpuppt sich als Radarkugel, und beim Blick von hier nach unten wird dann auch sofort klar, warum die hier steht. Die ins Meer hineinragende Start- und Landebahn des Flughafens scheint zum Greifen nahe. Seit die Kugel errichtet wurde, gibt es deutlich weniger Probleme im Flugverkehr.

Neben der großen Antennenkuppel wurde im Jahr 2019 außerdem ein modernes Frühwarnsystem für extreme Wetterphänomene installiert.

Adresse Agii Deka, 49084 Korfu | **ÖPNV** Grüner Bus, Linie B 13, Ausstieg am Abzweig nach Agii Deka, bis zum Gipfel wandert man noch eine gute Stunde | **Anfahrt** Das Dorf erreicht man entweder von Gastouri aus oder von der Küstenstraße in Richtung Süden. Von Agii Deka gibt es eine schmale Straße zum Gipfel. | **Tipp** Vom Dorf kann man auch über alte Eselpfade zum Gipfel hinaufwandern.

3 Die Goldschmiede Ilios

Hier ist jeder seines Glückes eigener Schmied

Was macht man nur mit all den schönen Muscheln und Steinchen, die man beim Strandspaziergang so aufklaubt? Zu Hause kommen sie normalerweise in eine Schale, und nach spätestens einem Jahr hat man meistens vergessen, wann und wo man die kleinen Andenken gefunden hat. Wie wäre es also, wenn man seine Lieblingsfundstücke in Silber verewigt und sich dann um den Hals, ans Bettelarmband oder ans Ohr hängt? In Agios Georgios ist das möglich und in wenigen Stunden erledigt.

Hier kann sich jeder in Alex' und Michals Goldschmiedeatelier »Ilios« sein ganz persönliches Korfu-Schmuckstück selbst schmieden – oder besser gesagt, gießen. Die Technik, mit der die Hobby-Goldschmiede hier hauptsächlich arbeiten, die sogenannte Sandgusstechnik, war schon in der Bronzezeit bekannt und ist daher mit einfachen Mitteln und ohne aufwendige technische Ausrüstung anzuwenden. Das Konzept von Michal und Alex ist so einfach wie erfolgreich: Die kreativen Gäste bringen eine Vorlage mit, zum Beispiel eine Muschel, eine Krebsschere, ein Steinchen oder – der absolute Renner, denn keiner ist wie der andere – einen Olivenkern. Dafür wird mit Hilfe von Sand und Öl zunächst eine Art Schablone angefertigt, in die das mit einem Bunsenbrenner verflüssigte Silber gegossen wird. Das ausgekühlte Werkstück wird dann noch ein bisschen gesägt, gefeilt, gefräst und geschmirgelt, und nach der letzten Politur kann man sich sein Produkt auch schon um den Hals hängen.

Wer mehr als ein paar Stunden Zeit mitbringt, kann bei dem Goldschmiedeehepaar auch wohnen und ein mehrtägiges Seminar buchen. Darin werden den Teilnehmern auch andere Techniken vermittelt, und sie kommen auf Wunsch mit verschiedenen edlen Metallen und Steinen in Kontakt. Oder man verleiht, gemäß dem Motto »Aus Alt mach Neu«, ausgedienten Eheringen, Zahnkronen und anderen edelmetallenen Überbleibseln neues Leben.

Adresse Agios Georgios, 49083 Korfu | ÖPNV Grüner Bus, Linie A 7, Ausstieg am Strand von Agios Georgios (Pagoi) | Anfahrt Die Bucht Agios Georgios erreicht man von Korfu Stadt kommend Richtung Pagoi. Das Atelier ist am östlichen Ende der Agios-Georgios-Bucht, dort, wo die Straße nach Pagoi den Strand verlässt. | Öffnungszeiten im Sommer Mo–Sa 10–14 und 17–21 Uhr | Tipp Alex und Michal designen und fertigen natürlich auch selbst Schmuck in ihrer Werkstatt. Diesen stellen sie gemeinsam mit den Werken von Gastdesignern in der angrenzenden Galerie aus.

4 Die traditionelle Taverne

Mit Blick aufs Meer und in die Kochtöpfe

Es gibt sie noch! Die vom Aussterben bedrohte traditionelle griechische Taverne mit den blauen Holzstühlen vor den rot-weiß eingedeckten quadratischen Tischchen. Von außen wirkt die auf Zypressenstämmen abgestützte Holzkonstruktion hinter der gekalkten Mauer mit der Aufschrift »Kafesas« zunächst etwas abenteuerlich. Aber die Verlockung ist groß, auf der Terasse da oben bei einem Ouzo auf Eis und gegrillten Köstlichkeiten aufs Meer zu schauen.

Blühende Geranien in bunt angemalten Töpfen dekorieren die Treppe, die nach oben, hinten ins Innere des Restaurants führt. Hier sieht es auf den ersten Blick wie in einem Tante-Eleni-Laden von 1960 aus: geflochtene Körbe mit Obst und Gemüse der Saison, dahinter eine Vitrine mit korfiotischen Frischeprodukten. Getrocknete Kräuter und Knoblauch baumeln neben Fischernetzen und alten Öllampen über einem Weinregal und einer großen Fischtheke. Auch das »Büro« gegenüber ist gespickt mit Accessoires von anno dazumal. Was ist das hier eigentlich: ein Restaurant? Ein Feinkostladen? Oder ein Museum?

Die Antwort ist einfach: alles zusammen. Im »Kafesas« erzählt in jeder Ecke ein Foto, ein Bild oder ein Gegenstand eine kleine Geschichte – überwiegend vom Meer: Treibholz, Fischernetze, Steuerräder, Rettungsringe, Muscheln, Schnecken, Steine … Der Eigentümer sammelt seit Jahrzehnten und ordnet seine »Exponate« ganz bewusst in den von Renovierung verschonten Räumlichkeiten der Taverne an. Bereits sein Vater war Wirt, und das »Kafesas« setzt fort, was er begonnen hatte.

Ach so ja, essen kann man natürlich auch im »Kafesas«. Und zwar hervorragend. Neben gegrilltem Fisch, Meeresfrüchten und Fleisch gibt es typisch korfiotische Spezialitäten: Pastitsada, Sofrito, Bourdeto und andere Leckereien aus dem Kochtopf. Wer nicht weiß, was sich hinter diesen Gerichten verbirgt, darf gern in die Küche gehen und unter die Deckel schauen.

Adresse Agios Georgios Argyrades, 49080 Korfu | ÖPNV Grüner Bus, Linie B 5, Ausstieg am Strand von Agios Georgios (Argyrades) | Anfahrt Von Norden kommend fährt man über Linia nach Argyrades und biegt dann nach rechts zum Strand ab. | Öffnungszeiten ab etwa 9 Uhr | Tipp Der Strandabschnitt unterhalb der Taverne heißt Lakkiess Beach und ist nicht so überfüllt wie der nördliche Teil des Strandes von Agios Georgios.

5 Das Schiffswrack

Angespült am Strand der schwarzen Steine

An einem Morgen im November 2013 lag es auf einmal da, gestrandet zwischen den schwarzen Felsen, die dem Strand hier seinen Namen geben. Ein verlassenes Schiffswrack, sein metallener Rumpf in freundlichen Farben angemalt. Seitlich prangt ein großes Graffito, darüber unauffällig ein arabischer Schriftzug, vielleicht der Name des Bootes. Auf dem Bug sind wie bei einem Kreuzfahrtschiff zwei Augen aufgemalt, Frauenaugen, mit langen Wimpern und ordentlich gezogenen Brauen. Sie blicken voll Zuversicht nach oben, zum Bauch des Schiffes.

Was die Anwohner darin fanden, erzählt die bekannte Geschichte von Flucht: Rettungswesten, Schuhe und Kleidung von Männern, Frauen und Kindern. Puppen, Stofftiere und anderes Spielzeug. Schmuck und Wertsachen. Lebensmittel, Konserven und Medikamente mit arabischen Etiketten. Etwa 100 Menschen hatten – wahrscheinlich von Libyen aus – auf diesem Schiff ihre Reise auf der sogenannten zentralen Mittelmeerroute angetreten, eine Fahrt in Richtung Norden in eine ungewisse Zukunft. Voll Hoffnung auf ein Leben ohne Krieg, ohne Terror und Gewalt, ohne Unterdrückung, voll Hoffnung auf ein neues Leben in Europa. Haben sie es geschafft?

Die Insassen des Bootes wurden nicht gefunden, und was passiert ist, weiß man nicht. Sind 100 Flüchtlinge hier unbemerkt von Bord gegangen? Unwahrscheinlich. Vielleicht wechselten sie auf hoher See auf ein anderes Schiff? Vielleicht wurden sie von einem Rettungsschiff aufgespürt? Damals war ja die italienische Marineoperation »Mare Nostrum« sehr aktiv. Weit mehr als 100.000 schiffbrüchige Flüchtlinge wurden dank dieser Initiative aus dem Mittelmeer gerettet, bevor sie nach nur einem Jahr wieder eingestellt wurde.

Bleibt zu hoffen, dass die Passagiere des Schiffswracks am Black Rocks Beach mittlerweile in einem neuen Zuhause und in einem besseren Leben angekommen sind.

Adresse Black Rocks Beach, Agios Gordios, 49084 Korfu | ÖPNV Grüner Bus, Linie B 10, Ausstieg am Strand von Agios Gordios | Anfahrt Von Korfu Stadt fährt man in Richtung Pelekas und dann über Sinarades in den Ort Agios Gordios, wo man im Zentrum parken kann. Am Strand geht man nach rechts. Um zum Schiffswrack zu gelangen, muss man einige Felsen überklettern. | Tipp Am anderen Ende des Strandes steht der imposante und nicht weniger fotogene »Ortholithos«, ein aufrecht aus dem Meer herausragender Felsen, der als Wahrzeichen von Agios Gordios gilt.

6 Der Kumquatlikör

Eine goldene Orange in der Flasche

Die Kumquat hat auf Korfu eine steile Karriere hingelegt. Im 19. Jahrhundert pflanzte ein britischstämmiger Botaniker den ersten Baum auf seinem Grundstück in Dassia und beobachtete, dass das spezielle feuchtwarme korfiotische Klima der Pflanze gut gefiel. Von da an ging es schnell bergauf mit der bittersüßen »goldenen Orange«, wie sie in ihrer Heimat Asien genannt wird. Heute wird sie nicht nur im großen Maßstab kultiviert, sondern ist sogar zum Markenzeichen der Insel geworden.

Die vitaminreiche Frucht, die mit Schale verzehrt wird, schmeckt roh in etwa so, als würde man gleichzeitig eine Orange, Mandarine und Zitrone zerkauen. Mit reichlich Zucker wird sie zu Marmelade oder der sogenannten Löffelsüßigkeit verarbeitet. Besonders beliebt wurde sie aber erst durch ihren alkoholischen Auszug, der zu einem charakteristischen und schmackhaften Likör weiterverarbeitet wird. Kumquatlikör aus Korfu ist eine geschützte Herkunftsbezeichnung, ein wichtiges Exportprodukt und Lieblingssouvenir der Touristen.

Seit den 1960er Jahren wird er auf Korfu hergestellt. Theodoros Vasilakis war einer der Ersten, die das neue Produkt mit Erfolg auf den Markt brachten. Sein Familienunternehmen begann mit einer kleinen Destillerie und entwickelte sich im Laufe der folgenden Jahrzehnte dank viel Eifer und Kreativität zu einer der größten Produktions-, Ausstellungs- und Verkaufsstätten für traditionelle korfiotische Produkte. Die Etiketten mit der in ihre Tracht gekleideten Korfiotin schmücken neben den Kumquat-Erzeugnissen andere Liköre, Weine, Süßigkeiten und sogar Parfüms.

Besonders originell ist der Kumquatlikör mit einem Kristall in der Flasche. Die mit dem Geschmack der Frucht aromatisierten Kristalle wachsen an einem kleinen Erika-Zweig. Wenn die Flasche leer ist, kann man sich mit einem zweiten Aufguss (zum Beispiel mit Vodka) den Geschmack von Korfu noch einmal zurückholen.

Adresse Agios Ioannis, 49100 Korfu | ÖPNV Blauer Bus, Linie 8, Ausstieg Haltestelle Vasilakis | Anfahrt Von Korfu Stadt fährt man auf der Landstraße nach Pelekas. Die Destillerie und das Verkaufslokal liegen direkt an der Straße. | Öffnungszeiten täglich 9–21 Uhr | Tipp Kumquatprodukte, den besten Limoncello, korfiotischen Nougat und andere feine Spezialitäten findet man in moderner Edition bei »Lazaris« (auf der Achilliou Landstraße in Richtung Kinopiastes).

7 Beim Governor

Öl-Tasting beim Olympiasieger

Dass Olivenöl der »große Heiler« ist, wusste bereits der antike Arzt Hippokrates. Mediziner der heutigen Zeit halten immer noch große Stücke auf das flüssige Gold und neuerdings besonders auf das aus Korfu.

Groß angelegte internationale Studien erforschen aktuell intensiv einen Olivenöl-Inhaltsstoff mit dem Namen Oleocanthal. Der kommt in unreifen Oliven vor, sorgt für die bittere Note des Öls und manchmal für ein leichtes Kratzen im Hals. Aus medizinischer Sicht zeigt er hochinteressante Wirkungen. So belegen Studien eine enzündungshemmende Wirkung ähnlich der des Schmerzmittels Ibuprofen. Auch konnten im Labor bereits Krebszellen mit Oleocanthal abgetötet werden, und Forschungsergebnisse beweisen einen positiven Effekt in der Alzheimer-Therapie.

Die jahrhundetealte korfiotische Olive »Lianolia« ist besonders reich an Oleocanthal. Jedoch nur dann, wenn die Bäume nachhaltig bewirtschaftet und die Früchte früh genug geerntet und verarbeitet werden. Die traditionelle korfiotische Erntemethode mit Netzen ist dazu leider komplett ungeeignet. Daher stellten die Brüder Spyros und Giorgos Dafnis vor zehn Jahren den elterlichen Betrieb komplett auf den Kopf und läuteten mit ihrem Label »oil fabrica« eine neue Ära der Ölproduktion ein: Das Öl der Brüder Dafnis mit dem stolzen Namen »The Governor« ist weltweit das erste Olivenöl, dem aus wissenschaftlicher Sicht ein gesundheitsfördernder Effekt zugeschrieben wird. Denn sein Gehalt an Oleocanthal ist besonders hoch, was ihm sogar die Goldmedaille bei dem olympischen Olivenölwettkampf »Olympia Awards« einbrachte.

Und dass dieses Olivenöl zudem lecker ist, erfahren Teilnehmer der »Oil-Tour«, die man im Familienbetrieb der Dafnis buchen kann. Sie beinhaltet eine private Führung durch die alten Olivenhaine und die Olivenmühle sowie einen Verkostungs-Workshop mit Teilnahmezertifikat.

Adresse Agios Matthäos, 49084 Korfu | **ÖPNV** Grüner Bus, Linie B 8, Ausstieg im Dorf Agios Matthäos | **Anfahrt** Von Messongi / Moraitika fährt man ins Dorf Agios Matthäos. Die Produktionsanlage und das Besucherzentrum liegen kurz hinter dem Dorf in einer Seitenstraße. | **Öffnungszeiten** in der Saison Mo–Sa 9–21.30 Uhr | **Tipp** Das Dorf Agios Matthäos ist noch sehr traditionell, und am Abend treffen sich die Dorfbewohner auf der Hauptstraße, wo sich Kaffeehäuser an Imbisse und Tavernen reihen.

8 Das Serbenmonument

Von den Serben auf der »Insel der Erlösung«

Für Zehntausende Serben wurde Korfu nach dem Ersten Weltkrieg zur »Insel der Erlösung«. In einem riesigen Flüchtlingsstrom kämpfte sich das geschlagene und vertriebene Balkanvolk durch die unwegsamen, verschneiten Gebirgszüge Montenegros und Albaniens. Wer überlebte, fand jetzt endlich Zuflucht und eine neue Heimat. Korfu wurde für zwei Jahre Hauptstadt und Regierungssitz Serbiens.

Im Januar 1916 nahm die Insel Korfu um die 150.000 serbische Geflüchtete auf, weitaus mehr als die Insel selbst Einwohner hatte. Trotzdem kümmerte man sich um die ausgehungerten und geschwächten Menschen. Kranke wurden auf die Quarantäneinsel Vido gebracht, aber trotz intensiver Bemühungen starben viele dort bereits in den ersten Wochen. Es gab täglich so viele Tote, dass man es nicht mehr schaffte, die Leichen zu begraben, und so wurde das Meer um Korfu zum »blauen Friedhof«.

Die Überlebenen richteten ihren neuen Alltag auf Korfu ein: Schulen wurden gegründet, Geschäfte eröffnet und Gottesdienste abgehalten. Es wurde sogar Theater gespielt und eine Zeitung in serbischer Sprache gedruckt. Freundschaften zwischen Korfioten und Serben entstanden, und auch die ein oder andere Ehe wurde geschlossen.

Gleichzeitig wurde das serbische Heer reorganisiert, und es wurden an mehreren Stellen der Insel Einheiten aufgebaut, die bei der Rückgewinnung Belgrads zum Einsatz kommen sollten. Eine solche Division war bei Agios Matthäos in Südkorfu stationiert. Dort errichteten die Soldaten ein steinernes Monument mit einem Kreuz zum Gedenken an die verstorbenen Soldaten der Division »Drina«. Die Inschrift stammt von dem serbischen Dichter Vlada Stanimirovic: »Niemals wird auf unserem fernen Grab eine serbische Blume blühen. / Sagt unseren Kindern, dass wir nicht zurückkommen. / Doch grüßt unser Vaterland und küsst für uns die Erde. / Lasst diese Grabhügel Denkmal an die Männer sein, die für ihre Freiheit starben.«

Adresse Agios Matthäos, 49084 Korfu | ÖPNV Grüner Bus, Linie B 1 und B 5, Ausstieg an der BP Tankstelle, von dort circa 20 Minuten zu Fuß | Anfahrt Von Messonghi kommend liegt das »Monument der Drina Division« auf der rechten Seite an der Straße nach Agios Matthäos. Am Straßenrand steht ein braunes Hinweisschild. | Tipp Auf dem Platz der Kirche des heiligen Matthäos im gleichnamigen Dorf steht das Denkmal des Bauern Janis Janulis, der den serbischen Soldaten sein Feld als Friedhof überließ. Auch nachdem die Gebeine der Verstorbenen nach Vido verbracht wurden, hat er das Feld nicht wieder bestellt.

9 Die Antinioti-Lagune

Farbige Zuwanderer im Naturschutzgebiet

Anti-Nioti heißt auf Deutsch »freudlose Jugend« … Der Binnensee und das Sumpfgebiet zwischen den Orten Agios Spyridon und Almyros waren einmal eine gemiedene Gegend, eine Brutstätte von Moskitos. Wer hier leben musste (es waren nicht viele), hatte nichts zu lachen. Heutzutage ist die Malaria von Korfu verschwunden, und die Gegend kommt wesentlich freundlicher daher. »Orchideensee« wird die Lagune von Botanikfans auch genannt, denn hier fand man bereits 16 verschiedene Arten wilder Knabenkräuter.

Aber in den insgesamt acht Biotopen verstecken sich noch mehr Schätze. Um den See herum wachsen Binsen, dahinter gibt es Dünen und Schilf, felsige, sandige und dicht zugewucherte Bereiche, genug Platz also für Wildblumen, Zugvögel, Reptilien und Wassertiere. Der Star im See ist jedoch ein Säugetier, nämlich der andernorts bereits vom Aussterben bedrohte Fischotter.

In den letzten Jahren macht aber ein Einwanderer dem harmonischen Zusammenleben in der Antinioti-Lagune das Leben schwer. Es handelt sich um die Blaukrabbe, die ursprünglich am Golf von Mexiko beheimatet ist.

Der erste Teil ihres wissenschaftlichen Namens »*Callinectes sapidus*« (aus kállos, »gut«, und nēktḗs, »Schwimmer«) erklärt, wie die Krabbe bis ins Ionische Meer gelangen konnte. Sie wird bis zu 20 Zentimeter breit, gilt als ziemlich aggressiv und frisst so ziemlich alles, was ihr in die Scheren gerät. Leider vertilgt sie daher auch die Nahrung der anderen Lagunenbewohner, sodass diese unter Umständen den Kürzeren ziehen. Im schlimmsten Fall droht dem See ein ökologischer Kollaps.

Die Blaukrabbe hat nur einen einzigen Feind, und zwar den Kochtopf. Der zweite Teil ihres lateinischen Namens bedeutet nämlich »schmackhaft«, und so wird *Callinectes sapidus* in anderen Teilen der Welt teuer verkauft und als Delikatesse gehandelt. Vielleicht gibt es ja bald auch einen blauen Krabbencocktail auf Korfu?

Adresse Agios Spyridon, 49100 Korfu | **Anfahrt** Von der Hauptstraße Kassiopi-Acharavi aus fährt man bis zum Strand von Agios Spyridon. Am linken Ende des Strandes führt eine Brücke über einen der Abflüsse der Lagune. | **Tipp** Durch das Areal führen schöne Wanderwege. Zwischen der Lagune und dem nördlichesten Kap der Insel liegt hinter Eukalyptus- und Pinienbäumen versteckt die verlassene Klosterruine Agia Ekaterini.

10 Der Hafen Agios Stefanos

Für einen Trip auf eine einsame Insel

Der westlichste Flecken Griechenlands ist eine winzige Insel mit dem Namen Othonoi. Sie gehört wie ihre Nachbarinseln Mathraki und Erikoussa zu der Diapontischen Inselgruppe, die kommunalpolitisch zum Verwaltungsbezirk Korfus gehört. Alle drei sind dauerhaft bewohnt, zwischen 30 und 100 mehr oder weniger betagte Einwohner zählen die kleinen Eilande jeweils.

Die meisten von ihnen haben Geschichten aus der Fremde zu erzählen, denn die Diapontischen Inseln wurden im 20. Jahrhundert so gut wie verlassen. Fast alle Einwohner wanderten als Gastarbeiter ins Ausland aus, überwiegend in die USA, wo ihre Kinder und Enkel auch heute noch leben. Viele von ihnen besuchen ihre Heimatinsel jeden Sommer und mischen sich unter die italienischen Yachturlauber, die hier gern vor Anker liegen. Dann kommt Leben auf die Inselchen, die wenigen Fremdenzimmer füllen sich, und die Kassen der kleinen Lädchen und Kafenien klingeln.

Man erreicht die Inseln sommers wie winters mit einer kleinen Passagierfähre, die – sofern Wind und Wetter es zulassen – mehrmals wöchentlich von Agios Stefanos im Nordwesten Korfus ablegt. Was die Insulaner zum Leben brauchen, besorgen sie sich meistens auf Korfu, und so ist das Schiff meist voll beladen mit Kisten, Kanistern und Käfigen, die alle möglichen Lebensmittel, Gebrauchsgüter und landwirtschaftlichen Produkte enthalten.

Natürlich wird der Hafen von Agios Stefanos auch von Fischern genutzt. Deren farbenfrohe Boote, Kaikis genannt, sind oft schon seit Generationen ihr Arbeitsplatz und zweites Zuhause. Doch heutzutage sind die kleinen Fischkutter vom Aussterben bedroht. Bereits seit Anfang der 80er Jahre subventioniert die EU die Verschrottung dieser Boote, um der Überfischung im Mittelmeer entgegenzuwirken.

Besonders in Krisenzeiten verlockte die Prämie manche Fischer dazu, ihre Boote zu zerstören.

Adresse Agios Stefanos, 49081 Korfu | **ÖPNV** Grüner Bus, Linie A1, Ausstieg am Hafen oder an der Kirche von Agios Stefanos | **Anfahrt** Man erreicht den Ort Agios Stefanos entweder von Arillas oder von Avliotes aus. Der Hafen liegt am äußersten Ende des Dorfes, wenn man an der Kirche rechts und immer parallel zur Küste fährt. | **Tipp** Alle drei Diapontischen Inseln sind sehr sehenswert. Im Sommer wird der Fahrplan der Fähre so angepasst, dass man einen Tagesausflug unternehmen kann.

11 Das Heldendenkmal

Gedenken an einen wahren Helden

Ein unscheinbarer Schotterweg führt zu der grasbewachsenen Hochebene. Viel Brandkraut, wenig Schatten, ein Antennenmast ragt in die Höhe. Um eine Betonzisterne siedeln sich Ginster, Mastix und Erdbeerbaumbüsche an. Daneben ein schmaler Fußweg, der an einem abgelegenen Feld endet. Ganz an dessen Rand weht über einem steinernen Monument einsam die griechische Flagge. Ein Foto zeigt einen jungen Mann in Fliegerkleidung, davor eine schwere Steinplatte, in die ein Propellerflugzeug eingraviert ist. Man erkennt sofort, was hier passiert ist.

Am 7. August 2000, einen Tag nach der Kirchweih des Klosters Pantokrator, verschleiert dunkler Rauch die Sonne über der Hochebene von Alimatades. Die Piloten der beiden Löschflugzeuge bemühen sich seit den Mittagsstunden, den Brand zu löschen. Immer wieder verschwinden sie tief in den Schwaden und versuchen, die Wasserladung möglichst gezielt auf die Flammen abzuwerfen. Sie haben Erfolg – es scheint, als sei das Feuer unter Kontrolle. Um 19.30 Uhr lädt Oberleutnant Athanasios Beslemes ein letztes Mal den Tank seiner PZL M-18 Dromader und nähert sich im Tiefflug der Brandstelle. Ist es die einbrechende Dunkelheit, die rauchgetrübte Luft oder die eigene Erschöpfung, die ihn die Stromleitung übersehen lässt? Die Maschine gerät ins Straucheln und verliert den Kurs. In letzter Minute reißt der Pilot das Ruder herum und verhindert, dass sie in ein Wohngebäude stürzt. Doch er schafft es nicht mehr, die Dromader über den Hügel hochzuziehen, sodass sie daran zerschellt.

Jeden Sommer brennt es auf Korfu. Nach der Hitzewelle sind die Wälder ausgetrocknet, und ein kleiner Funke reicht aus, sie in Brand zu setzen. Der Sommer 2000 war besonders heiß und trocken, und auf der ganzen Insel wüteten tagelang zahlreiche große und kleine Brände. Die Ursachen für die Feuer sind oft unklar, meist handelt es sich um Unachtsamkeit oder Brandstiftung. Der Name des Piloten, der deswegen sein Leben lassen musste: Athanasios – der Unsterbliche.

Adresse Alimatades, 49083 Korfu | **ÖPNV** Grüner Bus, Linie A 16, Ausstieg in Alimatades, von dort circa 30 Minuten zu Fuß | **Anfahrt** Vom Troumpetta-Pass aus, der höchsten Stelle zwischen Mittel- und Nordkorfu, fährt man in Richtung Alimatades. Auf höchster Stelle erkennt man einen Antennenmast, zu dem ein beschilderter Schotterweg führt. | **Tipp** Unweit kann man in der Taverne »To Kratsalo« gut essen, Souvenirs einkaufen und die phantastische Aussicht genießen.

12 Der alte Baum

Ein botanisches Wunder

Die Olive und ihr Öl sind vielleicht das älteste Superfood überhaupt. Mindestens seit der Antike steht die Frucht des Ölbaums auf dem griechischen Speiseplan ganz oben. Mittlerweile ist sie quasi zum Symbol der mediterranen Ernährung geworden – auf Korfu sowieso. Allerdings ist Olive nicht gleich Olive. Unzählige verschiedene Sorten gibt es rings ums Mittelmeer, die sich abhängig von Klima und Bodenstruktur auf mehr oder weniger großen Flächen ausbreiten.

Auf Korfu wächst überwiegend eine Sorte mit dem klangvollen Namen Lianolia, eine sehr kleine, aber aromatische Olive, die immerhin 19 Prozent Öl enthält und die mit dem vielen Regen und dem kargen Boden der Insel gut klarkommt. Die meisten Bäume dieser Gattung wurden im Mittelalter gepflanzt oder auf die Wild-Oliven aufgepfropft, die es seit der Antike auf Korfu gibt. Wenn man sie nicht beschneidet, wächst die Lianolia sehr hoch. Ihre Früchte reifen langsam und können oft erst im ausgereiften, schwarzen Zustand geerntet werden, wenn sie von selbst von den hohen Bäumen fallen. Dann werden sie von auf dem Boden ausgelegten Netzen aufgelesen.

Da diese Erntemethode aufwendig und anstrengend ist und sowieso das Öl der grün gepflückten Oliven auf dem Markt gefragter ist, werden heutzutage viele dieser Bäume abgesägt und mit niedrig wachsenden Sorten veredelt.

Dieser uralte Olivenbaum in Argyrades gehört nicht nur zu den ältesten Bäumen in ganz Griechenland, sondern er weist auch eine botanische Besonderheit auf: Denn aus ihm wachsen insgesamt drei verschiedene Sorten Oliven. Zwei davon wurden künstlich auf den ursprünglich wilden Olivenbaum aufgepfropft. Wer das anzweifelt und behauptet, dass es sich doch wahrscheinlich um drei nebeneinanderstehende Bäume handele, der sollte sich den mehr als 20 Meter umfassenden (zusammenhängenden) Stamm unbedingt aus der Nähe ansehen.

Adresse Argyrades, 49080 Korfu | **ÖPNV** Grüner Bus, Linie B 1, Ausstieg im Dorfzentrum von Argyrades | **Anfahrt** Auf der Nationalstraße nach Lefkimmi kommt man durch das alte Dorf Argyrades. Der Baum ist im Zentrum des Dorfes, das nicht mit dem Auto befahrbar ist, gegenüber der Kirche des heiligen Spyridon. | **Tipp** Es gibt einen schönen Wanderweg von Argyrades ins Nachbardorf Marathias, der durch große, alte Olivenhaine führt.

13 Das traditionelle Dorf

Alte Siedlung mit schwerem Schicksal

Ein Dorfplatz mit Kirchhof, eine schmale Gasse, kleine Häuser mit gemauerten Bögen über den Eingängen zu engen Hinterhöfen, winzige Balkone auf steinernen Außentreppen. Auf den ersten Blick sieht Argyrades wie ein typisches mittelalterliches venezianisches Dorf aus. Schaut man jedoch genauer hin, erkennt man, dass bei der Entwicklung dieses Dorfes Verteidigungsstrategen am Werk gewesen sein müssen: Die Fenster im Erdgeschoss sind winzig wie Schießscharten, die Häuser eng aneinandergebaut und durch Innentüren miteinander verbunden, und über die Straße führen sogenannte »passaetsa« (vom italienischen passagio), gemeinsame Überdachungen einander gegenüberliegender Häuser, die im Angriffsfall geschlossen werden konnten.

Das Dorf Argyrades war – wie alle Dörfer Südkorfus – ein begehrtes Ziel von Piratenangriffen, und daher waren bautechnische Maßnahmen zur Abwehr vonnöten. Auch die Lage der Ortschaft, eingebettet zwischen drei Hügeln und umgeben von dichten Hainen, sicherte dem Ort einigermaßen gute Abwehrbedingungen. Nichtsdestotrotz gelang es den Piraten immer wieder, in das Dorf einzufallen und es auszurauben. Im Jahr 1537 kam es zu einem besonders schlimmen Überfall, als der gefürchtete Pirat Hayreddin Barbarossa mehrere tausend Einwohner aus der Region in die Sklaverei entführte.

Doch die Piraten waren nicht die einzigen Schreckgespenster in der Gegend. Ebenso grausam wie Barbarossa wütete Anfang des 19. Jahrhunderts eine 20-tägige Pestepidemie, die viele Menschen das Leben kostete. Von der damals britischen Inselregierung wurde angeordnet, die beiden Nachbardörfer von Argyrades, Marathias und Roumandes, fast vollständig niederzubrennen. Das Dorf Argyrades überlebte – eine Tatsache, die man wie so viele andere glückliche Schicksalswendungen dem Schutzpatron von Korfu, dem heiligen Spyridon, zuschrieb.

Adresse Argyrades, 49080 Korfu | **ÖPNV** Grüner Bus, Linie B 1, B 2, B 3, Ausstieg in Argyrades | **Anfahrt** Das Dorf Argyrades liegt auf der Hauptstraße nach Lefkimmi. | **Tipp** Der Kirchplatz von Agios Ioannis oberhalb von Argyrades bietet zu beiden Seiten eine herrliche Aussicht, sowohl auf das offene Meer nach Westen als auch auf das epirotische Festland im Osten.

14_Die Brauerei

Korfiotisches Bier nach deutschem Reinheitsgebot

Jamas! Auf das legendäre Bier aus Korfu. Im Land der Phäaken wurde bereits mit vergorenem Getreide auf Dionysos angestoßen, lange bevor sich die bayerischen Mönche in ihren Klöstern die Fastenzeiten schöntranken. Unter dem Namen »Gerstenwein« wurde das Gebräu jedoch seltener von König Alkynoos als eher von der bäuerlichen Bevölkerung genossen. Dann wurde es lange Zeit still um das Bier aus Korfu.

Bis zum Jahr 2008, als der Unternehmer Spyros Kaloudis einen mutigen Entschluss fasste. In seinem Heimatdorf Arillas, einem kleinen Fischerdorf am nordwestlichen Ende von Korfu, sollte korfiotisches Bier gebraut werden – nach deutschem Reinheitsgebot. Ein Jahr später nahm »Corfu Beer« mit drei Mitarbeitern den Betrieb auf und produzierte 80.000 Flaschen. Zehn Jahre später ist die Brauerei die siebtgrößte Griechenlands und die größte Kleinbrauerei im Land. Und sie wächst weiter. Neben international bekannten Gerstensäften, wie Pilsner, Weißbier, Real Ale und I.P.A., gibt es auch einige spezielle Erzeugnisse und drei alkoholfreie Erfrischungsgetränke mit korfiotischer Note.

Seit 2013 organisiert die Brauerei auch ein Event, das zu den größten Festivals Korfus gehört: Unter dem Motto »Corfu meets …« lädt die Brauerei alljährlich Ende September / Anfang Oktober Brauerkollegen aus einem anderen Land ein, um speziell für diesen Anlass neue Bierkreationen zu brauen. Diese werden gemeinsam mit dem korfiotischen Bier und gastronomischen Spezialitäten ausgeschenkt. Das Rahmenprogramm gestalten namenhafte Musik- und Tanzgruppen aus Korfu, Griechenland und dem Gastland. Fünf Tage lang feiert dann ganz Korfu ein Riesenfest, zu dem mehr als 12.000 Besucher erwartet werden.

Die Produktionsanlagen von Corfu Beer können jeden Samstag besucht werden. Neben einer Führung gibt es natürlich auch eine Bierprobe.

Adresse Arillas, 49081 Korfu | ÖPNV Grüner Bus, Linie A 6, Ausstieg in Arillas am Kafeneio Nikoletto | Anfahrt Vom Strand von Arillas fährt man etwa einen Kilometer in Richtung Agios Stefanos. Die Brauerei ist auf dem Kopf der Anhöhe zwischen den beiden Orten. | Öffnungszeiten in der Sommersaison jeden Sa am Mittag, sonst auf Anfrage, http://corfubeer.com/en | Tipp Neben der Produktionshalle ist ein Brandshop, in dem man unter anderem T-Shirts, Gläser und natürlich Bier kaufen kann.

15 Das Buddhafeld

Der Weg zur Erleuchtung führt durch Olivenhaine

Namaste! Gäbe es ein Messinstrument für das Karma, dann würde es in Arillas sicherlich an seine Grenzen geraten. Dafür sorgen in diesem Ferienort eine Menge Anbieter, die sich auf die Reise zum »Ich« spezialisiert haben: Yoga, Meditation und Massagen kann man in Arillas quasi an jeder Ecke buchen, ebenso Tanz-, Sing- und Kreativ-Sessions. Für fortgeschrittene Erleuchtungssuchende gibt es Esoterik-Zentren, Retreats und Festivals zu allen möglichen Themen rund um die Sinnsuche: Mantra, Tantra und Kundalini sind Schlüsselwörter im »gesegneten« Arillas, wo spirituelle Entwicklung und Erleuchtung erreichbar scheinen.

Aber woher hat der Ort seinen Ruf als Buddhafeld? Vor wenigen Jahrzehnten war Arillas noch ein verschlafenes Fischerdorf am Rand von Korfu mit einem wunderbaren Naturstrand. Genau das, was die Hippie-Touristen der ersten Generation suchten. Ganz in der Nähe entstand dann Ende der 70er Jahre auch ein sogenannter Ashram, ein Meditationszentrum für die Anhänger Oshos, der damals aber noch Bhagwan hieß (ja genau, der mit den 99 Rolls-Royce). Sie nannten sich Sannyasins, kleideten sich – wenn überhaupt – in Energiefarben (also im Farbspektrum zwischen Gelb und Violett) und übten sich geräuschintensiv in »Urschrei«, »Tantra« und »dynamischer Meditation«. Die einheimische Bevölkerung, die den Freikörper- und anderen Kulturen eher skeptisch gegenüberstand – Nacktbaden ist in Griechenland immer noch tabu –, erfand für sie die Bezeichnung »Gurudes«.

Der Ashram ist längst geschlossen, Osho hat seinen Körper verlassen und Arillas sich in eine Destination auch für den klassischen Tourismus gewandelt. Die Gurudes sind erwachsen geworden, und »an sich zu arbeiten« ist ja sowieso in Mode. So leben sie mittlerweile in friedlicher Symbiose mit den Einheimischen und den »normalen« Besuchern, die den Ort einfach wegen seiner natürlichen Schönheit lieben.

Adresse Arillas, 49081 Korfu | **ÖPNV** Grüner Bus, Linie A 6, Ausstieg in Arillas Zentrum | **Anfahrt** Der Ort ist vom Troumpetta-Pass aus ausgeschildert. Man fährt durch die Orte Agros, Manatades, Aspiotades und Dafni. | **Tipp** Der Sonnenuntergang bei einem Glas Wein und einem korfiotisch-asiatischen Gericht im Lokal »Ammos« am Strand von Arillas reicht eigentlich schon als Auslöser für ekstatische Zustände.

16 Das Kap Kefali

Auf den Spuren der Homerforscher

Die wellenumspülte Holzbank am Ende des Piers von Arillas: Selbst bei Wind und Wetter (oder gerade bei Wind und Wetter) ist sie ein Lieblingsmotiv der Fotografen. Ebenso wie die Insel Gravia schräg gegenüber. Die spirituell angehauchten Urlauber der Region sehen in ihr eine »Dracheninsel« und schreiben ihr ein Kraftfeld zu. Den ziemlich entspannten Kraftdrachen erkennt man allerdings erst von oben, vom Rücken der Landspitze aus, die Arillas von der Nachbarbucht Agios Stefanos trennt. Im Volksmund heißt dieser Bergrücken einfach Akrotiri (Kap), sein geografischer Name ist Kap Kavo Kefali.

Hier oben spazierte seinerzeit schon der deutsche Archäologe Wilhelm Dörpfeld mit seinen Kellen, Kratzern und Hämmern umher. Selbiger war einige Jahre zuvor bereits auf Korfu unterwegs gewesen, um gemeinsam mit seinem prominenten Amateur-Kollegen Kaiser Wilhelm II. das bekannte Gorgo-Relief freizulegen. Mittlerweile war der deutsche Star-Archäologe pensioniert, doch Korfu ließ ihm keine Ruhe. Denn Dörpfeld war sich sicher: Hier, im Nordwesten der Insel, muss sich die antike Stadt der Phäaken befunden haben. Der Palast von König Alkynoos, der Odysseus beherbergte, stand laut Homer auf schroffen Felsenküsten am äußersten Ende der den Achäern bekannten Welt. Also hier. Außerdem erkannte der Wissenschaftler in einem kleinen vorgelagerten Felsen das versteinerte Schiff der Phäaken.

Dörpfeld grub und grub und … nichts. Also fast nichts. Immerhin fand er einige Tonscherben und Steine, die auf die Existenz einer prähistorischen Siedlung an dieser Stelle hindeuteten. Diese war aber schon vor langer Zeit in Richtung Meer gerutscht und im Laufe der Jahrtausende von vielen Schichten der bröckeligen Lehm-Sandstein-Küste überlagert. Seit Dörpfelds Tod hat hier keiner mehr nach dem Phäaken-Palast gesucht, und so bleibt die Frage nach dessen Verbleib wohl für immer ungeklärt.

Adresse Akrotiri, Arillas, 49081 Korfu | ÖPNV Grüner Bus, Linie A 6, Ausstieg in Arillas Zentrum | Anfahrt Man fährt bis an den Strand von Arillas. Es gibt im Hinterland vom Strand einen Parkplatz, von dort führt ein Fußweg auf den Bergrücken des Akrotiri. | Tipp Heute ist der Bergrücken ein begehrtes Ziel für Feinschmecker: Die Taverne »Gravia« und das »Lounge Café Akrotiri« punkten nicht nur mit ihrer Speisekarte, sondern auch mit der unübertroffenen Aussicht.

17 Die Olivenholzkunst

Unikate aus jahrhundertealten Bäumen

Eines Tages auf dem Olymp: Die beiden Geschwister Athene und Poseidon stritten mal wieder über Grundbesitz. Vater Zeus schritt ein und bestimmte: Wer den Menschen das nützlichste Geschenk mache, solle über das Land herrschen. Poseidon stach mit seinem Dreizack in einen Felsen und ließ eine Quelle hervorsprudeln. Athena pflanzte eine kleine immergrüne Pflanze mit schimmernden Blättern in die trockene Erde. Sie gewann den Wettbewerb, und die Griechen bekamen den Olivenbaum.

Heute ist das »Geschenk der Götter« auf Korfu so allgegenwärtig, dass man bald vergisst, ihm die verdiente Wertschätzung entgegenzubringen.

Denn ein Olivenbaum ist mehr als eine Produktionsstätte für Oliven: Alle Pflanzenteile haben göttliche Gaben und sind – wie Athene wusste – äußerst nützlich. So auch das Holz des Ölbaums. Es ist härter als das von Eiche und Buche und wird daher gern als Brennholz nach Italien verkauft. Aber das ist beim Zeus eine Schande. Denn der sehr individuelle Stamm der korfiotischen Olive mit seinen Löchern und Wülsten erzeugt eine dichte, außergewöhnliche Maserung. Die Struktur der Wurzel ist noch interessanter als die des Stammes, sie erinnert an Marmor.

Aber das dichte, ölhaltige Olivenholz ist nicht nur sehr schön, sondern auch praktisch. Es ist geruchs- und fleckenabweisend und sogar antibakteriell. Deshalb ist sein idealer Platz in der Küche: Schalen, Streuer, Dosen, Schneidbretter und Salatbestecke stehen auf der Liste der korfiotischen Mitbringsel ziemlich weit oben.

Olivenholzkünstler Kostas braucht vor allem Geduld. Zunächst einmal gilt es, geeignetes, bereits totes Holz zu finden. Dieses lagert dann noch einige Jahre, bis er mit der Verarbeitung beginnen kann. Was schließlich daraus entsteht, richtet sich nach Größe, Struktur und Maserung des Werkstücks, sodass es hier nur in liebe- und respektvoller Handarbeit hergestellte Unikate gibt.

Adresse Armenades, 49081 Korfu | ÖPNV Grüner Bus, Linie A 6 | Anfahrt Von Agros kommend, fährt man hinter dem Dorf Dafni auf Kavvadades zu. Die Werkstatt ist auf der rechten Seite und dank eines Schildes nicht zu übersehen. | Öffnungszeiten in der Saison Mo–Sa 10–20 Uhr durchgehend | Tipp Kostas und seine Frau Dimitra verkaufen auch ihr eigenes biozertifiziertes hochwertiges Olivenöl in praktischen, reisetauglichen Gebinden. Eine Zweigstelle befindet sich im Norden der Insel, in Agios Spyridon.

18 Das Szenedorf

Yeah, yeah, ein Beatle auf Korfu

Frühjahr 1969: Bei den legendären Beatles kriselt es schon länger. Der eine heiratet eine Japanerin, mit der er sich in seinen Flitterwochen zu Friedenszwecken öffentlich im Bett tummelt, und komponiert den Song »Give Peace a Chance«. Der andere vergnügt sich währenddessen mit seiner Frau und deren Tochter im Urlaub auf Korfu und schreibt ebenfalls einen Song, der Geschichte machen soll.

Paul und Linda McCartney und deren Tochter Heather verbrachten einen ganzen Monat auf Korfu, und zwar in dem damals extrem angesagten Szene-Badeort Benitses. Die drei wohnten (oder besser gesagt: versteckten sich vor den Paparazzi) außerhalb des Ortes in einem Bauernhaus und machten das, was andere Touristen damals auch machten: im Meer planschen, Boot fahren und Fisch essen. Die McCartneys waren ihrerzeit nicht die einzigen Stars, die in Benitses Urlaub machten. Die drei anderen Beatles waren auch schon hier, ebenso diverse VIPs wie Audrey Hepburn, Paul Newman, Peter Ustinov, Cat Stevens, Doris Day, Gregory Peck und andere. Trotz der großen Namen ist dem Dorf aber sein eigentlicher Charakter nie wirklich verloren gegangen. Die Stars und Sternchen tummelten sich an der damals noch nicht so befahrenen Strandstraße, das Dorfzentrum im Hinterland ist auch heute noch ein typisch korfiotischer Fischerort.

Paul McCartney komponierte während seines Korfu-Aufenthalts seinen Song »Every Night« zu Ende. Darin beschreibt er die schwierige Situation zwischen Band und Family, die ihm damals Kopfzerbrechen bereitete. Am Ende heißt es jedoch: »But tonight I just want to stay in … And be with you.« Und tatsächlich entschied sich Paul nicht nur in diesem Song für die Familie und gegen die Beatles.

Der Song war im kommenden Jahr auf seinem ersten Soloalbum zu hören. Den ersten 100 Exemplaren dieses Albums legte er eine Presseerklärung bei, in der er seinen Austritt aus den Beatles erklärte.

Adresse Benitses, 49084 Korfu | **ÖPNV** Grüner Bus, Linien B 1, B 2, B 3, B 5, B 6, B 7, B 8 und B 12 Richtung Süden, Ausstieg in Benitses | **Anfahrt** Der Ort liegt 15 Kilometer südlich von Korfu Stadt an der Hauptstraße nach Lefkimmi. | **Tipp** Zu den Sehenswürdigkeiten dieses turbulenten Ortes zählen eine Ausgrabungsstätte aus der Römerzeit sowie ein Muschelmuseum.

19 Das Wasserwerk

Ein Wanderpfad mit Geschichte

Wassermangel auf Korfu? Kaum vorstellbar bei einer statistischen Niederschlagsmenge von 1.146 Millimeter pro Jahr! Zum Vergleich: In London fallen jährlich keine 800 Millimeter. Und dennoch war Wasser lange Zeit Mangelware auf Korfu. Zumindest nachdem die antike Stadt (Palaiopolis) im 6. Jahrhundert von Kanoni in die (damals noch im Aufbau befindliche) alte Festung umgezogen war. Hier gab es nur hartes, salzhaltiges Wasser, das zum Trinken ungeeignet war. Aus diesem Grund musste Trinkwasser von den Quellen über lange Transportwege mit Maultierkarren, zu Fuß oder auf dem Seeweg herangeschafft werden werden.

Erst im 19. Jahrhundert war Schluss mit der Plackerei. Der damalige englische Hochkommissar Frederick Adam weihte am 7. August 1831 ein leistungsfähiges Wasserwerk ein und sicherte damit zum ersten Mal die zentrale Trinkwasserversorgung in Korfu. Die britischen Ingenieure zapften zwei ergiebige Quellen im wasserreichen Benitses an und leiteten das Wasser von dort durch aus England importierte Rohre im freien Fall direkt nach Korfu Stadt. Das war ein Riesenfortschritt für die Korfioten und erhöhte deren Lebenqualität ungemein.

Als der Wasserbedarf im 20. Jahrhundert stieg, wurden die alten Leitungen nach und nach aufgegeben und durch ein modernes System ergänzt oder ersetzt. Die alten Aquädukte, Tunnel und Speicherhäuser wurden schnell von der dichten Vegetation zwischen Benitses und Perama verschluckt und waren lange Zeit einfach verschwunden. Erst in den letzten Jahren hat eine Initiative damit begonnen, die sehenswerten Bauwerke wieder freizuschneiden und begehbar zu machen. Geplant sind ein durchgehender Wanderweg und eine Anerkennung als Kulturdenkmal.

Der Weg des Wassers startet oberhalb von Benitses. An einem halb verfallenen Speicherbauwerk erinnern noch ein alter Dieselmotor und eine Marmorplatte mit Inschrift an seine ehemals große Bedeutung.

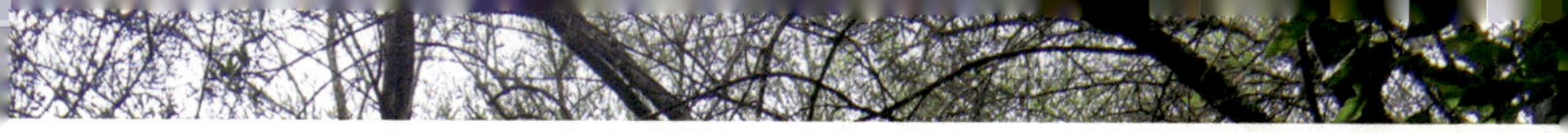

Adresse Altes Wasserwerk Benitses, 49080 Korfu | **ÖPNV** Grüner Bus, Linien B 1, B 2, B 3, B 5, B 6, B 7, B 8 und B 12 Richtung Süden, Ausstieg am Strand von Benitses, dann zu Fuß weiter | **Anfahrt** Man geht am besten von Benitses aus zu Fuß: Hinter dem alten Dorf ist ein Parkplatz, den man überquert. Entlang des Bachlaufs passiert man eine Kirche und später eine Kläranlage. 50 Meter weiter dem Pfad nach links folgen, der zu einer Straße führt. Man geht zunächst rechts und dann links in eine Sackgasse bis zu dem alten Speicherhaus. Wegweiser führen dahinter über einen Steg und alte Steintreppen an zwei gemauerten Tunneln zu den »water springs«. | **Tipp** Das große alte Aquädukt erreicht man von Perama aus: Oberhalb des Hotels »Anita« gelangt man zu den alten Speicherhäusern. Von dort geht es durch eine Wohnsiedlung in eine Villengegend, hinter der ein Pfad in die Schlucht führt.

20 Merlins Obststand

Kalifornische und goldene Orangen

Zähflüssiger Verkehr ist auf der Straße nach Dassia keine Seltenheit. Insbesondere an Sommernachmittagen ist sie stark von den dunkelblauen Mini Coopern frequentiert, die das Ikos Hotel seinen Gästen für einen Tag Inselerkundung spendiert. Die Fahrer der kleinen Flitzer beeilen sich, zum Abendessen in ihr Super-nobel-All-inclusive-Resort zurückzukehren, und lassen den Obststand kurz hinter der Abzweigung nach Kommeno meist rechts liegen.

Ein Stopp hier würde sich allerdings auch für sie lohnen, und zwar nicht nur aufgrund der großen Auswahl leckerer Obst- und Gemüsesorten aus der Region. Im Inneren des Kiosks findet man auch Honig, Öl, Wein, Gewürze, eingelegte Oliven, exotische Trockenfrüchte, Nüsse und anderen feine Spezialitäten. Einige dieser Leckereien stammen von der Farm direkt hinter dem Verkaufsstand, dem »Merlin Estate«.

Der als Sohn des britischen Konsuls und späteren Direktors der Ionischen Bank in Griechenland geborene Sidney Merlin war Olympiasieger im Tontaubenschießen, studierter Botaniker und erster Ehemann der Korfiotin Zaira Theotoky. Auf dem 750.000 Quadratmeter großen Anwesen zwischen Dassia und Daphnila, das einst bis ans Meer reichte, experimentierte er mit Zitruspflanzen. Aus Amerika führte er die »Washington Navel« Orange ein, die in Griechenland noch heute unter dem Namen »Merlin« verkauft wird. Und dann holte er die allerersten Kumquatbäume nach Korfu, die in ihrer Heimat Asien »Goldene Orange« genannt werden. Diese Bäume stehen hier immer noch, 100 Jahre später, und tragen Früchte (siehe Ort 6).

Sidney Merlins Ehe mit Zaira hielt nur acht Jahre, später heiratete er seine zweite Frau Katia. Er starb 1952, das Anwesen mit dem herrschaftlichen Landhaus gehört jetzt der Bank. Nichtsdestotrotz werden die Merlin-Orangen und Kumquat aber weiter auf der Farm geerntet und an dem freundlichen Obststand davor an den Mann gebracht.

Adresse Dassia, 49083 Kerkyra | ÖPNV Blauer Bus, Linie 7, Haltestelle Merlin | Anfahrt Von Korfu Stadt kommend fährt man an der Kreuzung Tzavros nach rechts in Richtung Dassia. Kurz hinter der Abzweigung nach Kommeno befindet sich der Obststand auf der rechten Seite. | Öffnungszeiten in der Saison täglich den ganzen Tag | Tipp Der aufgeschüttete Strand vor dem Ikos Hotel gehört zu den wenigen Sandstränden an der Ostküste. Der Rest des Hotels ist jedoch nur für dessen Gäste zugänglich.

21 Die Bergkapelle

Der Prophet wollte einen Platz mit Aussicht

Dass man die schönsten Orte nur zu Fuß erreicht, gilt auch für Korfu und insbesondere für diese wirklich spektakuläre Stelle: Wie auf einem Balkon über Paleokastritsa und der beginnenden Ropa-Ebene steht auf einem Felsvorsprung schweigsam und allein eine winzige Kapelle. Die Szenerie ist so pittoresk, das Kirchlein so weiß, die Landschaft so grün und der Himmel so blau, dass es fast schon kitschig erscheint.

Wie immer, wenn man an einer so unzugänglichen und zudem gefährlichen Stelle ein Gotteshaus errichtet hat, gab es dafür einen triftigen Grund. Meistens wurde genau dort »rein zufällig« eine Ikone gefunden, die denjenigen Heiligen darstellte, dem die Kirche später gewidmet war. So sind im Mittelalter zahlreiche Kirchen und Klöster entstanden.

Was diese Kapelle hier angeht, so ist die Entstehungsgeschichte aber weitaus phantasiereicher: Es wird überliefert, dass Frauen aus den unter dem Felsen liegenden Dörfern Gardelades und Liapades einmal eine zitternde Flamme dort oben gesichtet haben sollen. Nachdem sie aufgestiegen waren, fanden sie dort die Ikone des Propheten Simeon und brachten sie in die Dorfkirche. Doch von dort verschwand sie auf wundersame Weise und wurde wieder an der gleichen Stelle auf dem Felsen gesichtet. Daraufhin verstanden die Dörfler, dass der Prophet dort oben bleiben wollte, und man baute ihm seine eigene Kirche. Und noch bevor sie fertig wurde, stellte der Prophet seine Wundertätigkeit unter Beweis: Es wird nämlich erzählt, dass während des Baus der Kirche einer der Bauherren mit einem mit Weingläsern beladenen Tablett in die Tiefe gestürzt sein soll. Weder sei dem Mann etwas passiert, noch wurde der Wein verschüttet.

Man sollte sich aber nicht zu sehr auf die Wundertätigkeit des Propheten verlassen und gut aufpassen. Der »Balkon« ist ungesichert und fällt an mehreren Stellen steil ab.

Adresse Doukades, 49083 Korfu | **ÖPNV** Grüner Bus, Linien A 9, Ausstieg am Abzweig nach Doukades (zum Ausgangspunkt der Wanderung) | **Anfahrt** Von Doukades aus ist der Weg zum Felsplateau ausgeschildert. Man schafft den Aufstieg in weniger als einer Stunde. | **Tipp** Es ist gut möglich, dass der Auf- und Abstieg hungrig und durstig macht. Zum Glück gibt es auf dem Dorfplatz von Doukades einige schöne Tavernen, in denen man sich stärken kann.

22 Der Eselhof

Residenz für alte Esel

Man stelle sich vor, man hat sein ganzes Leben lang gearbeitet, richtig hart geschuftet, ohne Urlaub, Sozialversicherung und Rentenanspruch. Und dann wird man auf seine alten Tage einfach im Wald ausgesetzt und allein gelassen. So einen Lebensabend haben auch Tiere nicht verdient, und dennoch: Auf Korfu wurden in den vergangenen Jahrzenhnten viele arbeitsunfähige Esel auf diese Weise »ausrangiert«.

Der Esel war bis in die 50er Jahre des letzten Jahrhunderts das Nutztier Nummer eins auf Korfu. Fast jede Familie auf dem Land hatte einen, der zu Haus und Hof und irgendwie auch zur Familie gehörte. Säcke mit Oliven, Körbe voller Wassermelonen und Kartoffelkisten lud man ihm auf den Rücken, 30 Kilo rechts und links, dazwischen der Bauer – so legte das treue Langohr täglich lange Arbeitswege zurück. Heute übernehmen Traktoren diese Arbeit – zum Glück, aber der Esel ist auf Korfu mittlerweile ein vom Aussterben bedrohtes Tier.

Die nach Korfu ausgewanderte Engländerin Judy Quinn war die Erste, die sich dem traurigen Schicksal der duldsamen Arbeitstiere annahm. 2004 gründete sie die Esel-Auffangstation Corfu Donkey Rescue. Sie und ihr Team aus überwiegend freiwilligen Helfern geben den alten, verletzten und kranken Eseln ein Zuhause, füttern, pflegen und versorgen sie. Ein Stall sowie ein geräumiges Zelt schützen vor Wind und Wetter. Finanziert wird ihr Engagement überwiegend durch Spenden und ehrenamtliche Mitarbeit. Bisher haben mehr als 500 korfiotische Langohren im Corfu Donkey Rescue eine eselwürdige Seniorenzeit verbracht.

Besucher sind hier herzlich willkommen und werden, wenn es die Zeit erlaubt, auch herumgeführt. Wer möchte, darf die Tiere streicheln oder bürsten oder manchmal sogar mit ihnen spazieren gehen. Das Füttern ist zwar nicht erlaubt, aber Futterspenden in Form von Äpfeln oder Karotten werden angenommen.

Adresse Doukades, 49083 Korfu | **ÖPNV** Grüner Bus, Linien A 9, A 16, Ausstieg am Abzweig Doukades / Gardelades, von dort circa 20 Minuten zu Fuß | **Anfahrt** Von Korfu Stadt aus fährt man die Nationalstraße in Richtung Paleokastritsa. Kurz vor Doukades leiten (unscheinbare) Schilder mit der Aufschrift »CDR« über einen Feldweg zur Station. | **Öffnungszeiten** normalerweise ganzjährig, täglich 10 – 17 Uhr, aber man sollte sich besser vorher auf www.corfu-donkeys.com informieren | **Tipp** Helfen kann man den Eseln und dem engagierten Team in Form von Spenden oder Freiwilligenarbeit. Für 90 Euro im Jahr kann man einen Esel adoptieren.

23 Der Landsitz Theotoky

Zwischenstation einer Herzensbrecherin

Mitten in Doukades steht das Landhaus der berühmten korfiotischen Politiker- und Adelsfamilie Theotoky, dessen prächtiger Garten sich hinter den massiven Mauern nur erahnen lässt. Hohe Palmen und eine Zypresse ragen über die Steine empor – Zeugen einer bewegten Vergangenheit in diesem Haus, in dem einst eine der schönsten, aber auch der skandalträchtigsten Frauen ihrer Zeit lebte.

Die temperamentvolle Jane Digby lief dem gerade 24 Jahre alten Studenten Spyridon Theotoky in München über den Weg. Dass die in England in gutem Haus geborene Jane bereits einiges an Lebens- und Liebeserfahrung vorzuweisen hatte, störte den korfiotischen Grafen nicht: eine gescheiterte Ehe mit einem englischen Lord, eine unüberschaubare Anzahl glücklicher und unglücklicher Amouren (unter anderem mit dem österreichischen Prinzen Felix Schwarzenberg), fünf Kinder von verschiedenen Vätern, von denen jedoch nur drei noch lebten. Als sie dem jungen Theotoky den Kopf verdrehte, langweilte sie sich gerade als Ehefrau eines deutschen Barons, den sie unter anderem mit König Ludwig I. von Bayern betrog. Dem gestand sie ihr Motto: »Being loved is to me as the air that I breathe.«

Trotzdem oder gerade deshalb verliebte sich Theotoky in die blauäugige Schönheit, und zwar so sehr, dass er mit ihr durchzubrennen versuchte. Janes Noch-Ehemann erfuhr von der Liaison und forderte den Griechen zum Duell. Dieser nahm tapfer die Einladung an, doch der Baron zog schneller, und Theotoky wurde in die Brust getroffen. Aber er überlebte, Jane wurde geschieden, die Hochzeitsglocken läuteten für sie ein drittes Mal, und das Paar zog in Theotokys Heimat. Doch auch das beschauliche Doukades bremste die Rastlosigkeit der abenteuerlustigen Lady nicht. Die Ehe hatte wieder kein Happy End, unter anderem, weil Jane ein Verhältnis mit dem Sohn eines ihrer Ex, dem frisch gekrönten König Otto von Griechenland, begann.

Adresse Doukades, 49083 Korfu | ÖPNV Grüner Bus, Linie A 16, Ausstieg in Doukades | Anfahrt Von Korfu Stadt kommend biegt man hinter der Ampel von Skripero nach links ab. Die Straße führt in einigen Kilometern direkt ins Dorf Doukades. | Öffnungszeiten Der Landsitz ist in Privatbesitz und kann nur von außen besichtigt werden. | Tipp Gut essen kann man am Dorfplatz von Doukades, in der Taverne »Doukas«. Auch im Winter ist dort am Wochenende geöffnet.

24 Das Kapodistrias Museum

Vom Leben eines Vorbildpolitikers

Das waren noch Zeiten, als die politischen Geschicke der Länder und sogar ganzer Kontinente mit Diplomatie und Verhandlungsgeschick geregelt wurden. Gäbe es heutzutage noch Politiker wie Ioannis Kapodistrias, dann hätte die Welt vielleicht ein paar Probleme weniger.

Der 1776 auf Korfu geborene Kapodistrias studierte zunächst Philosophie und Medizin, bevor er beschloss, sich in die Politik einzumischen. Korfu stand gerade unter russischem Protektorat, und so erhielt er im Alter von 33 Jahren seinen ersten Job als Diplomat bei Zar Alexander in Sankt Petersburg. Dieser schickte ihn fünf Jahre später nach Wien, wo er in einem zähen Kongress zum Thema »Neuaufteilung Europas nach dem Sturz Napoleons« für das weitere Schicksal der in sich zerstrittenen Schweiz zuständig war. Nur dank seines unermüdlichen Engagements wurde dem Land schließlich Souveränität und immerwährende Neutralität gewährt. Als der Wiener Kongress zu Ende war, hatte Ioannis Kapodistrias sich europaweit einen Namen gemacht.

In der Zwischenzeit war das seit vier Jahrhunderten von den Osmanen unterdrückte griechische Volk dabei, sich freizustrampeln. Als es dann so weit war und Griechenland auf eigenen Füßen stand, wusste jedoch keiner wirklich, wie man es regieren sollte. Recht und Ordnung, geschriebene Gesetze oder gar ein Sozialwesen waren lange noch nicht etabliert. So wurde 1827 Ioannis Kapodistrias zum ersten neugriechischen Staatsoberhaupt gewählt. Was in der Schweiz geklappt hatte, nämlich zwischen den zerstrittenen Parteien zu vermitteln, schaffte er in Griechenland nicht. Bald fing es in der provisorischen griechischen Hauptstadt Nafplio wieder an zu rumoren. Die ehemaligen Freiheitskämpfer, die »Kleftes«, hatten für die neumodische Politik nicht viel übrig. Es kam zu Unmut und Aufständen, und keine vier Jahre nach seinem Amtsantritt wurde der besonnene Politiker auf offener Straße ermordet.

Adresse Kapodistrias Museum, Evropouli, 49100 Korfu | **ÖPNV** Blauer Bus, Linie 4, Haltestelle Koukouritsa | **Anfahrt** Von der Landstraße Paleokastritsa–Kerkyra folgt man ab dem Krankenhaus den Schildern nach Evropouli. Die Einfahrt zum Museum ist nicht zu übersehen. | **Öffnungszeiten** in der Saison Di–So 10–16 Uhr, außerhalb der Saison auf Anfrage, https://capodistriasmuseum.com/en | **Tipp** Im Garten des Museums, das im ehemaligen Sommerhaus der Familie Kapodistrias untergebracht ist, serviert ein Café köstliche Limonaden unter schattigen Pinienbäumen.

25 Der Elisabethbrunnen

Waschplatz für (kaiserliche) Chemisetten

In Wirklichkeit war Sisi ja viel tougher als die von Romy Schneider präsentierte Filmfigur. Lieb, süß und besonders romantisch war die »Schicksalskaiserin« überhaupt nicht. Sie war im Gegenteil äußerst ehrgeizig, gebildet, sehr diszipliniert und auch ein bisschen eigen. Diesen Eigensinn trug sie auch in ihrer korfiotischen Hofgarderobe zur Schau: Unterhalb der von strengen Diäten und vom Korsett minimierten Taille waren ihre Kleider großzügig geschnitten und knöchelhoch gehalten. Ihre Majestät wollte nämlich bequem ausschreiten.

Denn die Kaiserin pflegte zum Leidwesen ihrer Hofdamen täglich stundenlang zu wandern. Auch bei ihren Aufenthalten auf Korfu unternahm sie solche sportlichen Gewaltmärsche durch das hügelige Umland ihres Schlosses »Achilleion«. Einer davon führte durch das unterhalb gelegene Dorf Gastouri zu einer Bergkapelle mit dem Namen Agia Kyriaki. Auf dem Weg dorthin kam sie an dem Brunnen des Dorfes vorbei, der damals noch Platanenbrunnen hieß. Schräg gegenüber ist noch heute der alte Waschplatz von Gastouri erhalten: Vor den Einbuchtungen über der Wasserrinne wurden Waschbretter aufgelegt, auf denen ihrerzeit auch Sisis leinene Culotten und Chemisetten gereinigt worden sein dürften.

Die beiden riesigen Ahornbäume, die dem Platz seinen Namen gaben, waren zu Sisis Zeiten bereits ausgewachsen und dürften mittlerweile mehrere hundert Jahre alt sein. Es heißt, dass in einem der beiden einst eine ganze Familie gehaust haben soll.

Die Einwohner des Dorfes Gastouri waren so stolz auf ihre berühmte blaublütige Zugezogene, dass sie den Brunnen in »Brunnen der Kaiserin Elisabeth« umtauften. Als Gegenleistung für diese freundliche Geste spendete Kaiserin Sisi der Dorfkirche von Gastouri ein kostbares Brokat-Kirchenbanner mit der Ikone der Jungfrau Maria. Neben dem Brunnen steht heute ein weißer Gedenkstein für die ermordete Kaiserin.

Adresse Gastouri, 49084 Korfu | ÖPNV Blauer Bus, Linie 10, Haltestelle Philharmonic Orchestra, von dort durchquert man das Dorf Gastouri zu Fuß, circa 20 Minuten zum Brunnen | Anfahrt Von Korfu Stadt kommend fährt man am Achilleion vorbei ins Dorf Gastouri. Am unteren Ende des Dorfes führt eine schmale Straße zu dem Brunnen. | Tipp Sisis Pilgerweg ist von Gastouri aus ausgeschildert. An der Kirche Agia Kyriaki hat man eine phantastische Sicht über ganz Korfu.

26 Der Garten des Achilleion

Kaiserliche Residenz mit Paradiesgarten

Zweifellos: Das Achilleion ist nach wie vor unangefochtener Spitzenreiter auf der Liste der korfiotischen Sehenswürdigkeiten. Sein werbewirksamer Beiname »Sisi-Schloss« lockt täglich unzählige romantisch veranlagte Fans von den Kreuzfahrtschiffen in das prunkvolle Feriendomizil von Kaiser Franzls Gattin. Dass hier auch der letzte deutsche Kaiser residierte, wird von tourismuspolitischer Seite nicht so laut postuliert.

Klar, die schöne, vom Leben geprüfte »Schicksalskaiserin« verkauft sich als Postkarte, Kühlschrankmagnet oder Seife einfach besser als der böse Wilhelm. Nichtsdestotrotz ist das Achilleion voll mit persönlichen Gütern des Kaisers, der es nicht nur als Ferienhaus für sich und seine Familie nutzte, sondern von dem aus er (auf seinem sattelförmigen Schreibtischstuhl) auch die Berliner Regierungsgeschäfte fortführte.

Der zur Selbstverliebtheit neigende Wilhelm hat vor allem dem Garten des Achilleion seinen kaiserlichen Stempel aufgedrückt: Nicht nur rückte er die von Sisi heiß geliebte Skulptur des sich im Todeskampf windenden Achilles zu Gunsten eines protzigen Heldendenkmals in den Hintergrund. Er ließ die komplette Parkanlage nach seinem Geschmack umgestalten, und zwar von keinem Geringeren als dem berühmten Botaniker Carl Ludwig Sprenger. Der für seine Yucca-Hybride bekannte Gartenspezialist fällte sämtliche Bäume, die die kaiserliche Aussicht störten, und legte stattdessen flache Beete an, wofür ihn der Kaiser sogar mit einem Orden würdigte.

Sprenger hat seinerzeit natürlich auch Beobachtungen über die Yuccas auf Korfu angestellt und erklärte, dass alle auf der Insel wachsenden Yucca-Palmen (*Y. elephantipes*) von einem einzigen Exemplar abstammten, welches im Garten des Achilleion gepflanzt wurde. Mittlerweile hat diese Ur-Yucca eine beachtliche Höhe erreicht und wurde zum Schutz des Palastes mehrfach beschnitten.

Adresse Achilleion, Gastouri, 49084 Korfu | **ÖPNV** Blauer Bus, Linie 10, Haltestelle Achilleion | **Anfahrt** Von Korfu Stadt kommend Richtung Süden den Schildern zum Achilleion folgen. | **Öffnungszeiten** täglich 8–21 Uhr | **Tipp** Die Statue »Siegreicher Achill« trug früher die Inschrift: »Dem Größten der Griechen vom Größten der Deutschen«. Sie steht an wirklich exponierter Stelle im Schlossgarten.

27_Das Theotoky Estate

Beispielhafte Landbewirtschaftung

Ob Ioannis Theotoky bereits geahnt hat, was aus seinem Anwesen einmal wird, als er sich Anfang des 19. Jahrhunderts an der Universität für Bodenkultur in Wien einschrieb? Er selbst hat sein Land kaum nutzen können, denn er widmete sich bereits mit 42 Jahren ausschließlich der Politik: Er war Parlamentsabgeordneter, Landwirtschaftsminister und sogar für eine kurze Zeit Premierminister Griechenlands. Sein Sohn Georgios war es, der mit seiner Frau Claudia das Anwesen ab den 1960er Jahren Schritt für Schritt in das verwandelte, was es heute ist: ein traditionsreiches Landgut, auf dem der Nachhaltigkeitsgedanke in die Praxis umgesetzt wird.

Der Name Theotoky ist eng mit der Insel Korfu verbunden. Bereits im Mittelalter gehörte die ursprünglich aus Konstantinopel geflüchtete Familie zu den einflussreichsten Korfus. Ihr Name stand im Libro D'Oro, dem Goldenen Buch der Insel, wodurch sie in den Adelsstand erhoben und in die politischen Entscheidungen einbezogen wurde. Der Urgroßvater von Georgos Theotoky mischte bereits während der französischen Besatzung im Widerstand mit, sein Opa war Bürgermeister von Korfu, und viele weitere Mitglieder des weit verzweigten Clans schrieben auf der Insel politisch Geschichte.

Die großzügigen Ländereien der Theotokys sind über die ganze Insel verteilt. Von der 1.000 Hektar großen Ropa-Ebene gehört ihnen mehr als ein Zehntel. Das erst im 18. Jahrhundert trockengelegte Sumpfgebiet bot beste Bedingungen für landwirtschaftliche Nutzung, insbesondere für den Weinanbau. Mehr als fünf Hektar Weinstöcke werden hier organisch-biologisch bewirtschaftet, ebenso wie mehr als 4.000 Olivenbäume. Die Theotoky-Produkte gehören zu den besten der Insel und werden auch über die Grenzen der Insel hinaus geschätzt. Selbst James Bond alias Roger Moore bestellte einst mit einem sympathischen Versprecher einen weißen »Theotaky«.

Adresse Ropa Valley, Giannades, 49100 Korfu | **ÖPNV** Grüner Bus, Linie B 18, Ausstieg am Abzweig nach Giannades, von dort circa 30 Minuten zu Fuß | **Anfahrt** Von der Hauptstraße, die die Ropa-Ebene durchquert, zweigt man in Richtung Giannades ab. Hier stehen Hinweisschilder zum Theotoky Estate. | **Öffnungszeiten** Besichtigung der Produktionsstätten und Weinkeller Mo – Sa 10 – 17 Uhr (im Winter bis 15 Uhr), Weinproben auf Anfrage, www.theotoky.com/wine-tasting | **Tipp** Die Theotokys halten auch Weidetiere und Geflügel, die auf dem Anwesen zwischen Oliven- und Pinienbäumen in ihrer natürlichen Umgebung aufgezogen werden. Zwei Kilometer südlich des Anwesens wurde in der Ropa-Ebene der einzige Golfplatz auf Korfu, eine 18-Loch-Anlage, geschaffen.

28 Die alte Werft

Außenposten der venezianischen Kriegsflotte

In Anbetracht der Tatsache, dass in den letzten zehn Jahren eine halbe Million Euro Fördermittel aus einem italienisch-griechischen Programm in die Restaurierung dieses imposanten Bauwerks flossen, wird seine grenzüberschreitende Bedeutung relativ spärlich präsentiert. Hat es für ein paar Schautafeln mit entsprechenden Hintergrundinformationen nicht mehr gereicht!? Nun ja, was man hier sieht, sind die Säulen, Wände und Bögen einer alten, aber bedeutungsvollen Schiffswerft.

Die Bucht von Gouvia oder Govino, wie sie früher genannt wurde, war einer von Venedigs Marinestützpunkten. Venedig selbst verfügte damals über die mit Abstand größte Schiffswerft der Welt, das »Arsenale di Venezia«, wo Handels- und Kriegsschiffe wie am Fließband produziert wurden. Um sich als größte See- und Handelsmacht Europas zu etablieren, errichtete die Lagunenstadt an strategisch bedeutsamen Stellen weitere Kolonialstützpunkte, der auf Korfu war einst der wichtigste.

Das Arsenal in Gouvia wurde als Folge der gerade noch einmal abgewehrten türkischen Belagerung im Jahr 1716 in Auftrag gegeben mit dem Ziel, die Festung im sieben Kilometer entfernten Korfu zu stärken. Im Rahmen von Venedigs Verteidigungsplan wurden hier zwei Geschwader stationiert, eine Flotte mit 25 Galeeren und eine mit zwölf großen Segelschiffen, die in der Werft hier repariert und instand gesetzt wurden.

Dem Senat in Venedig wurde Gouvia dann allerdings zu groß und mächtig, und man befürchtete, dass Korfu dem Hauptarsenal in Venedig Konkurrenz machen könnte. So wurden die Aktivitäten auf Korfu auf das Reinigen und Abdichten von Schiffen begrenzt. Mit dem Vertrag von Campo Formio im Jahr 1797 war dann sowieso Schluss mit der venezianischen Vorherrschaft: Korfu und die anderen Ionischen Inseln wurden französisch, während Venedig und seine Kriegsflotte Kaiser Franz II. zugesprochen wurden.

Adresse Gouvia, 49083 Korfu | **ÖPNV** Blauer Stadtbus, Linie 7, Ausstieg am Krankenhaus, von dort zu Fuß ins gegenüberliegende Gouvia | **Anfahrt** Man fährt von Korfu Stadt in Richtung Norden. Im Stadtteil Kontokali folgt man der Beschilderung zur Marina. Ab hier ist die alte Werft ausgeschildert. | **Tipp** Die ruhige Bucht hat auch einen schönen und wenig überlaufenen Strand. Hier kann man sommers wie winters stadtnah schwimmen gehen.

29 Die Kirche Ypapanti

Von Wellen umspült zum Traualtar

Sie gehört zu den romantischsten Kirchen Griechenlands und teilt sich mit ihrer »großen Schwester«, dem Vlacherna-Kloster (gegenüber der legendären Mausinsel), den ersten Platz auf der Liste der korfiotischen Hochzeits- und Tauflocations. Die kleine, vom Meer umspülte Kirche mit dem klangvollen Namen Ypapanti befindet sich an exklusivster Stelle: Vis-à-vis der Marina steht sie auf einem kleinen Inselchen, das man über einen etwa 60 Meter langen »Laufsteg« erreicht – die ideale Kulisse für Täufling, Braut und Bräutigam und ihre Gesellschaften.

Diese sind in Griechenland nicht selten mehrere hundert Personen stark, und so wird es mitunter ganz schön eng in dem kleinen Gotteshaus, wenn der Priester die Hochzeitskränze segnet oder das Baby ins Taufbecken tunkt.

Außerhalb der Hochzeits- und Tauftage bleiben die schweren Holztüren der Kirche normalerweile geschlossen, bis auf jeden 2. Februar im Jahr, also 40 Tage nach Weihnachten. Dann kann man in der Ypapanti (ihr Name ist die griechisch-orthodoxe Entsprechung der Mariä Lichtmess) einen Gottesdienst besuchen und ihre marmorne Ikonostase bewundern.

Ursprünglich hieß sie eigentlich Pfingstkirche. Der venezische Öl-Großhändler Daniil Cobici, von dem es heißt, dass er nach dem Tod seines einzigen Sohnes den Verstand verloren und sein eigenes Hab und Gut in Brand gesetzt haben soll (siehe Ort 69), ließ sie im Jahr 1713 erbauen. Nach seinem Tod gelangte die Kirche in den Besitz anderer Gutsherrenfamilien, bis auch deren Zeit zu Ende ging. Danach kümmerte sich niemand mehr um die idyllische Kirche, sie wurde sich selbst und damit dem Verfall überlassen.

Erst Ende des 20. Jahrhunderts nahmen sich ein paar Privatleute dem Schicksal des kleinen Gotteshauses an. Mit Hilfe von Spenden gelang es, das Kirchlein Stein für Stein wieder in seinen ursprünglichen romantischen Zustand zurückzuversetzen.

Adresse Gouvia Bay, Gouvia, 49083 Korfu | ÖPNV Blauer Bus, Linie 7 in Richtung Dassia, Ausstieg in Kommeno | Anfahrt Von Korfu Stadt kommend biegt man an der Kreuzung »Tzavros« in Richtung Dassia ab. An der nächsten Möglichkeit fährt man rechts nach Kommeno. Die Kirche liegt am Anfang der Halbinsel. | Tipp Die Kirche befindet sich am Eingang der bewaldeten Halbinsel. Hier stehen auch die drei Hotels der Grecotel-Gruppe, die zu den besten der Insel gehören.

30_Die Marina

Auf schnellstem Weg nach Ithaka

»Brichst du auf gen Ithaka«, dichtete der große Poet Konstantinos Kavafis mit Bezug auf die Heimat des viel besungenen Odysseus, »wünsch dir eine lange Fahrt, voller Abenteuer und Erkenntnisse.« Dem Dichter ging es zwar eher um die innere Reise als um einen Segeltörn auf die kleine ionische Insel. Nichtsdestotrotz ist die Gegend zwischen Korfu und Ithaka bei Seglern und allen, die es werden wollen, ausgesprochen beliebt. In der Saison zwischen Mai und Oktober ist das Wetter relativ gut vorhersehbar und einigermaßen beständig. Der Wind erreicht selten mehr als fünf Beaufort, Strömungen und Gezeiten gibt es fast nicht.

Optimaler Ausgangspunkt für Törns in diesem Revier ist die Marina in Gouvia, der vielleicht größte Yachthafen im ganzen Land – und einer der bestorganisierten. 1.000 Liegeplätze im Wasser und weitere 600 an Land in Kombination mit der entsprechenden Infrastruktur verleihen dem geschützten Hafen den Charakter einer schwimmenden Kleinstadt. Neben Sanitäreinrichtungen, Verwaltungsgebäuden und einer Tankstelle findet man Supermärkte, Yachtausrüster, Werkstätten, Kräne und eine Arztpraxis in unmittelbarer Nähe.

Odysseus soll seinerzeit die Strecke von Korfu in seine Heimat in nur einer Nacht geschafft haben (siehe Ort 47). Wer sein Ithaka noch schneller erreichen will, darf darauf hoffen, dass auch der Wasserflugzeughafen neben der Marina endlich wieder in Betrieb genommen wird. Vor mehr als zehn Jahren verkehrte eine kleine 19-sitzige Maschine einer kanadischen Airline zwischen Korfu und dem griechischen und italienischen Festland. Eine Wiederaufnahme des Flugbetriebs und die Einrichtung weiterer Wasserflughäfen auf anderen Ionischen Inseln ist seit Jahren geplant. Bis es so weit ist, werden Segler auf ihrem Weg weiter Kavafis rezitieren: »Immer halte Ithaka im Sinn. Dort anzukommen ist dir vorbestimmt. Doch beeile nur nicht deine Reise …«

Adresse Gouvia, 49083 Korfu | **ÖPNV** Blauer Stadtbus, Linie 7, Ausstieg am Krankenhaus | **Anfahrt** Die Marina liegt ein paar Kilometer nördlich von Korfu im Stadtteil Gouvia. | **Tipp** Die Ionischen Inseln werden auch durch die kleine Passagierfähre »Azimut« der Gesellschaft Joy Cruises dreimal wöchentlich untereinander verbunden. Abfahrt ist im Hafen von Korfu.

31 Die Kite-Station

Kiten, foilen und chillen

Diese Station ist auch über Korfus Grenzen hinaus etwas Besonderes: Rechts und links, so weit das Auge reicht, nahezu unberührter Sandstrand, hinten tummeln sich Kormorane, Reiher und nicht selten auch Hundertschaften von Flamingos in einem großen Süßwassersee. Entlang von Wacholderbäumen windet sich eine Schotterstraße über die schmale Nehrung, die See und Meer voneinander trennt. Mitten drin in diesem Naturparadies: Korfus einzige Kite-Station.

Die Vögel staksen, stelzen und waten von den Lenkdrachen ziemlich unbeeindruckt durch die große Lagune. Die tarnfarbene Kite-Club-Bude am Strand gegenüber wird sowieso nur im Sommer aufgebaut und fügt sich verhältnismäßig diskret in die geschützte Landschaft. Davor ist genug Platz für die Kiteschüler, die dort ihre Schirme falten und ihre Leinen sortieren, um anschließend im flachen Wasser die geeignete Position für ihren ersten Wasserstart zu finden. Die Bedingungen sind für Anfänger optimal, denn der Wind, der hier so ziemlich jeden Nachmittag aus nordwestlicher Richtung bläst, ist normalerweise nicht allzu stark.

Wer daraus jedoch den Schluss zieht, der Spot hätte für Profis nichts zu bieten, irrt sich gewaltig. Denn gerade die glatte Wasseroberfläche macht ihn für die Cracks richtig attraktiv. Statt wie früher sehnsüchtig aufs Meer zu schauen und auf Wind zu warten, schweben sie jetzt schon bei wenigen Windstärken einen Meter über dem Wasser. Foilen nennt man diesen neuen Trend unter den Kitesurfern. Ein langes Schwert unter dem Board hält über eine Tragflächenkonstruktion (Foil) den Kontakt zum Wasser. Ab einer bestimmten Geschwindigkeit hebt es den Kiter aus dem Wasser in einen schwerelosen Schwebezustand.

Auch vom Strand aus sind die Kiter spannend und beeindruckend. Zuschauer können sich in der einzigen Strandbar gemütlich zurücklehnen und das Schauspiel bei chilliger Musik und einem coolen Drink genießen.

Adresse Halikounas Beach, 49084 Korfu | **Anfahrt** Den Strandort Halikunas erreicht man von Norden kommend über Agios Matthäos. Neben der Lagune führt eine Schotterstraße in zwei Kilometern zur Kite-Station. | **Öffnungszeiten** keine festen Zeiten, Informationen (auch auf Deutsch) gibt es im »Harley Café« (siehe Tipp) oder unter Tel. 0030/6977145614 | **Tipp** Wer ein bisschen fachsimpeln möchte, findet im »Harley Café« in Agios Georgios Argyrades Gleichgesinnte. Dort kann man (falls mal wirklich Flaute ist) sogar eine Runde Minigolf spielen.

32_Tayo

Wo der korfiotische Kaviar herkommt

Den Korission-Binnensee und das offene Meer trennt eine schmale Nehrung. Diese wurde südlich von Halikouna durchbrochen, um eine Verbindung zwischen den beiden Gewässern zu schaffen. Es entstand ein etwa 15 Meter breiter Graben, genannt Tayo, den man mit einer abenteuerlichen Holzkonstruktion überbrückte.

Am anderen Ende des Kanals stehen zwei kleine Gebäude, die von einer Handvoll Fischern genutzt werden. Sie fangen hauptsächlich kleine Garnelen, die es im See zuhauf gibt, und verschiedene große und kleine Fische, darunter auch Arten, die nur hier vorkommen, wie den Zebrakärpfling (*Aphanius fasciatus*) und den vom Aussterben bedrohten Valenciakärpfling (*Valencia hispanica*).

Einmal im Jahr, und zwar immer im Hochsommer, legen die Fischer ihre Reusen und Netze mit ganz besonderer Sorgfalt aus. Sie warten darauf, dass die weiblichen Großkopfmeeräschen aus der Lagune ins offene Meer hinausschwimmen. Die Großkopfmeeräsche heißt auf Griechisch »Kefalos« und ist ein anpassungsfähiger Wanderfisch, der in Schwärmen sowohl im Salzwasser als auch im Süß- und Brackwasser vorkommt. Zum Laichen jedoch zieht es die Weibchen ins offene Meer hinaus.

Diesen Zeitpunkt passen die Fischer des Korission-Sees ab, denn in ihren Bäuchen tragen die Fische ihren delikaten Rogen, aus dem hier auf traditionelle Art der Korfiotische Kaviar (Avgotaracho) gewonnen wird. Beim Fangen ist äußerste Vorsicht geboten, denn die Bäuche dürfen nicht verletzt werden. Mit chirurgischer Sorgfalt wird anschließend der Rogen aus den Fischen entnommen und zunächst auf grobem Salz gelagert und luftgetrocknet. Im Laufe von mehreren Wochen wird daraus eine delikate Paste, die man vor Ort erwerben kann. Preiswert ist diese begehrte Spezialität allerdings nicht: Ein Kilo der bernsteinfarbenen Köstlichkeit kostet etwa 140 Euro. Der Geschmack ist jedoch ziemlich intensiv, daher benötigt man nur kleine Mengen.

Adresse Halikounas, Tayo, Limni Korission, 49080 Korfu | Anfahrt Von Norden kommend fährt man über Agios Matthäos nach Halikounas. Dort kann man parken und dann zu Fuß auf der Nehrung entlang der Lagune bis zum Tayo spazieren. | Öffnungszeiten Nehrung jederzeit betretbar, Avgotaracho wird nur im Hochsommer hergestellt und verkauft | Tipp Ein anderes Fischrogenprodukt mit dem Namen Taramosalata wird in den meisten korfiotischen Tavernen und Restaurants serviert.

33 Die Dünenlandschaft

Meterhohe Sanddünen und ein Wacholderwald

Auf den ersten Schritten fühlt man sich am nördlichen Ende des Strandes Agios Georgios-Argyrades ein bisschen wie in einer Wüste. Sand und nichts als Sand türmt sich hier seit 200.000 Jahren übereinander und wird von den Kräften der Wellen und des Windes in eine bis zu zwölf Meter hohe Dünenlandschaft gefaltet. Stellenweise unterbrechen Gebilde aus geschichteten Sandsteinplatten die Szenerie und bieten eine attraktive Kulisse für spektakuläre, beeindruckende Fotos.

Quad-Spuren fräsen parallel zum Meer eine Spur durch die Hügel. Dieser folgend stößt man schon bald auf erste Sträucher, deren blaugrüne, nadelförmige Blätter ein bisschen an Zypressen erinnern. Und tatsächlich gehört der *Juniperus phoenicea*, der Phönizische Wacholder, zur Familie der Zypressengewächse. Er zählt zu den wenigen Pflanzen, die sich auf dem dürren, salzhaltigen Boden wohlfühlen. Die Sträucher werden nur ein paar Meter hoch und produzieren eine relativ große Beere, die allerdings keinerlei Ähnlichkeit mit der Wacholderbeere im Sauerkraut hat. Begehrt ist dagegen das Holz der Pflanze, und zwar nicht nur, weil es dicht und hart und somit ein guter Bau- und Brennstoff ist. Es enthält auch ein ätherisches Öl, das an den Geruch von Zedernholz erinnert und in der Kosmetikindustrie zum Einsatz kommt.

Je weiter man auf der sandigen Piste fortschreitet, umso dichter stehen die Wacholderbäume zusammen, nach und nach verläuft sich die Spur in einem Labyrinth, das sich immer weiter verengt. Auf der schmalen Nehrung, die das offene Meer von der Lagune Korission trennt, gelangt man schließlich in einen für Korfu einzigartigen Wacholderwald.

Issos Dünenlandschaft gehört zum europäischen Naturschutzprogramm »Natura 2000« und ist daher so gut wie unbebaut. Wer hier zum Baden herkommt, findet einen komplett naturbelassenen Strand und seichtes Wasser vor.

Adresse Issos Beach, 49080 Korfu | ÖPNV Grüner Bus, Linie B 1, Ausstieg an der Abzweigung zum Sandy Beach Resort, von dort etwa 20 Minuten Fußweg zum Strand | Anfahrt Issos schließt an den Strand Agios Georgios-Argyrades an. Von der Hauptstraße Moraitika–Lefkimmi zweigt man vor Argyrades nach rechts ab. Der Zedernwald ist hinter dem Strand. | Tipp Issos gehört zur Verwaltungseinheit von Chlomos, einem der ältesten und sehenswertesten Orte Korfus. Die überwiegend in rot-orangen Tönen gestrichenen Gebäude und die mit Natursteinplatten gepflasterten, engen Gassen machen das Dorf besonders malerisch. Von Issos fährt man durch die Ortschaft Linia und folgt den Schildern.

34 Das Silvaland

Das Glück dieser (Pf)Erde

Hufgetrappel, Schnauben, Wiehern, der Geruch von Heu und frischem Pferdeapfel. Wessen Herz bei dem Gedanken daran im Galopp schlägt, ist im Silvaland richtig. Der Reiterhof ist auf Korfu die einzige richtige Reitsportanlage. Eine große Arena, weitläufige Koppeln, Weiden und geräumige Boxen – alles ist in dieser Anlage auf das Wohl der Schul- und Pensionspferde, die hier zu Hause sind, ausgelegt.

Zwischen den großen, gezüchteten Sportpferden tummelt sich im Silvaland auch eine kleine Herde ungewöhnlich kleiner, aber kompakter Pferdchen. Und die haben wirklich Glück, dass sie hier leben. Denn sonst wäre ihre Rasse womöglich schon bald ausgestorben. Es handelt sich um Skyros-Pferde. Die sind (wie der Name schon sagt) eigentlich auf der Sporadeninsel Skyros beheimatet, wo sie halbwild leben. Und zwar schon ziemlich lange.

Die Skyros-Pferdchen sind eine der sechs einheimischen griechischen Rassen, und es heißt, sie seien Nachfahren der Pferde, mit denen schon Achill und Alexander der Große auf ihren Feldzügen unterwegs waren. In der Neuzeit wurden sie als Arbeitstiere zum Dreschen von Getreide eingesetzt, aber seit den 60er Jahren geht ihre Population stark zurück. Mittlerweile gibt es nur noch ein paar hundert von ihnen, einige davon auf Korfu, wo sie sich dank der Initiative von Silvia Dimitriadis Steen stetig vermehren.

In den 1990er Jahren hatte sie eine Herde zu sich auf ihr Landgut genommen und das breit angelegte Zuchtprogramm »Silva Project« gegründet. 2012 eröffnete sie das Reitsportcenter Silvaland, in dem die Pferdchen eine neue Arbeitsstelle fanden: Dank ihres kleinen Stockmaßes, das ungefähr so hoch ist wie ein Kind bei der Einschulung, aber auch wegen ihres freundlichen und geselligen Charakters eignen sie sich hervorragend als Schulpferde für die jüngsten Reiter. Im Silvaland werden sie darüber hinaus auch zum therapeutischen Reiten eingesetzt.

Adresse Kalafationes, 49084 Korfu | Anfahrt Von der Nationalstraße nach Pelekas biegt man circa 200 Meter hinter dem Verkehrskreisel in Richtung Kalafationes / Varypatades ab, dann folgt man den Schildern über einen holprigen Waldweg. | Tipp Für Kaffee und ein Erfrischungsgetränk nach dem Reiten sorgt das angeschlossene »Leonidas Café«.

35 Das White House

Domizil und Inspirationsquelle einer Schriftstellerfamilie

»Für mich gibt es Wichtigeres als die Schule.« Das Zitat, das eigentlich aus der Feder von Oscar Wilde stammt, trifft wohl auch auf die Durrell-Brüder Larry und Gerry zu, deren außergewöhnliche Karrieren nicht in der Schule begannen, sondern auf Korfu. Für beide war die Insel Inspirationsquelle und Beginn eines herausragenden Lebenswegs.

Familie Durrell wanderte in den 30er Jahren nach Korfu aus und mietete sich für ein paar Jahre in einem weißen Haus direkt am Strand von Kalami ein. Der älteste Sohn, Lawrence »Larry« Durrell, genoss zwar eine traditionelle Schulausbildung, wurde aber nie an einer Uni zugelassen. Stattdessen jobbte er sich als Bohemien durchs Leben, bevor er ein viel beachteter (mehrfach für den Literaturnobelpreis vorgeschlagener) Schriftsteller wurde. Über seine Zeit auf Korfu berichtet er in seinem als Liebeserklärung an Korfu geltenden Inseltagebuch »Schwarze Oliven«.

Sein jüngster Bruder Gerald war noch ein Kind, als die Familie nach Korfu übersiedelte, wo er frei aufwuchs, ohne je die Schulbank drücken zu müssen. Auch »Gerrys« Karriere begann auf der Insel, für deren Fauna er sich besonders interessierte. Später fing er als wohl berühmtester autodidaktischer Zoologe Tiere für alle britischen Zoos und nahm an großen Expeditionen teil, über die er in Fernsehbeiträgen und zahlreichen Büchern berichtete. Sein Buch »My Family and Other Animals« (auf Deutsch 2018 neu übersetzt) handelt von seiner ausgewanderten Familie, seiner Kindheit und natürlich von der Natur auf Korfu. Es wurde vom britischen Fernsehen bereits zweimal verfilmt.

Kurz vor Beginn des Zweiten Weltkriegs war die bei den Einheimischen schnell beliebte Familie gezwungen, Korfu zu verlassen. Heutzutage wird das »White House« der Durrells vermietet und vermarktet, es gibt Führungen, ein Restaurant und einen Andenkenshop.

Adresse White House, Kalami, 49083 Korfu | **ÖPNV** Grüner Bus A 4 und A 12, Ausstieg an der Abzweigung nach Kouloura/Kalami, von dort circa 15 Minuten zu Fuß | **Anfahrt** Auf der Ostküstenstraße fährt man über Dassia und Nissaki etwa 20 Kilometer in Richtung Kassiopi, dann folgt man den Schildern nach Kalami. | **Öffnungszeiten** in der Sommersaison täglich mittags und abends, https://thewhitehouse.gr | **Tipp** In der Bucht von Kalami sowie in der Nachbarbucht Agni liegen im Sommer gern Yachten vor Anker, denn es gibt erstklassige Restaurants mit gehobenem Standard.

36 Casanovas Königreich

Am Hofe des Frauenschwarms

Im 18. Jahrhundert bot das venezianische Korfu jede Menge Unterhaltung: Musik, Theater, Maskenbälle, Glücksspiele und ein recht freizügiges Nachtleben. Die ideale Destination für einen der bekanntesten Reisenden seiner Zeit, Giacomo Casanova.

Als der im Alter von 16 Jahren das erste Mal nach Korfu kam, verlor er zunächst sein ganzes Hab und Gut beim Glücksspiel. Einige Jahre später begann er eine militärische Laufbahn auf der Insel. Diesmal hatte Giacomo mehr Glück im Spiel, dafür klappte es mit der Liebe nicht so recht. Denn das Objekt seiner Begierde, eine gewisse Frau F., war nicht nur verheiratet, sondern hatte zudem ein Techtelmechtel mit Giacomos Vorgesetztem. Weiß der Himmel (oder Sigmund Freud), was ihn zu dieser Dame zog. Jedenfalls ließ er sich, um ihr zu imponieren, zu den tollkühnsten Aktionen und ironischen Anspielungen auf die Obrigkeiten hinreißen. Die rangen der Angebeteten zwar das ein oder andere Lächeln ab, brachten ihm jedoch auch jede Menge Ärger. Schließlich geriet er in einen ernsten Konflikt mit der Stadtverwaltung.

Um der Verhaftung zu entgehen, floh er in einer Nacht-und-Nebel-Aktion mit einem Fischerboot in Richtung Norden. So gelangte er nach Kassiopi, das damals schon ein relativ großer und belebter Ort war. Er verteilte recht freizügig sein erspieltes und ergaunertes Geld und stellte sich eine Dienerschaft und sogar eine kleine Armee zusammen. Innerhalb kürzester Zeit gewann er den Status eines Königs und die Sympathie der meisten Dorfbewohner – besonders der weiblichen. Dem Dorfpopen allerdings gefiel die neue Freizügigkeit an Casanovas Hof nicht, und er verpetzte ihn in der Inselhauptstadt.

Die Rückkehr nach Korfu entpuppte sich jedoch als glückliche Fügung. Unmittelbar nach seiner Verhaftung wurde er schon wieder auf freien Fuß gesetzt, und auch die Geschichte mit Frau F. nahm schließlich noch ein Happy End.

Adresse Kassiopi, 49081 Korfu | ÖPNV Grüner Bus, Linie A 4, Ausstieg im Zentrum von Kassiopi | Anfahrt Über die Ostküstenstraße fährt man immer Richtung Norden. Der Ort Kassiopi ist gut ausgeschildert. | Tipp Casanovas »Hof« lag zwei Kilometer außerhalb des heutigen Kassiopi, in der Ortschaft Agios Georgios. Dort sind noch viele mittelalterliche Steinhäuser erhalten.

37 Die Fischfarm

Massentierhaltung unter Wasser

Feinschmecker lieben die Küche Korfus unter anderem für ihre Fischgerichte. Tatsächlich spielt Fisch aber auch eine große Rolle für Korfus Wirtschaft. Denn neben Olivenöl und Kumquat ist Fisch aus Korfu ein wichtiges Exportprodukt. Wer glaubt, dass diese Nachfrage von den ortsansässigen Fischern gedeckt werden kann, hat weit gefehlt. Das Mittelmeer hat sich zwar weitgehend von der Überfischung in den 80er Jahren erholt, trotzdem stammen die meisten hellenischen Fische aus Aquakulturen. Die Zahl der schwimmenden Fischfarmen im Land ist ziemlich hoch, eine davon ist auf Korfu, westlich von Kassiopi.

Die Corfu Sea Farm hat sich auf zwei Sorten Fisch spezialisiert: Lavraki (auf Deutsch Wolfsbarsch) und Tsipoura (Goldbrasse, auch Dorade genannt) sind zwei Jagdfische, die wegen ihres festen Fleisches, aber auch wegen ihres hohen Gehalts an gesunden Omega-3-Fettsäuren in der Mittelmeerküche sehr beliebt sind.

Als zwei Gramm schwere Larven werden sie in Aquarien herangemästet und später in zylinderförmigen Becken, deren Wände aus Netz bestehen, ins Meer umgesiedelt. Im Laufe ihrer Entwicklung ziehen sie dabei mehrmals in verschiedene Netzbecken mit unterschiedlicher Maschenweite um. Nach einigen Monaten wiegen sie 600 bis 1.000 Kilogramm, genug, um »geerntet« werden zu können, dann kommen sie auf den Markt. Mehr als 500 Tonnen Fisch werden so jährlich in der Corfu Sea Farm produziert. Der größte Teil davon wird nach Italien und Frankreich exportiert.

Seebarsch und Goldbrasse schwimmen natürlich auch frei im Ionischen Meer herum. Dort können sie wesentlich größer werden. Im Jahr 2019 erbeutete ein Speerfischer vor Korfu eine fast sieben Kilogramm schwere Goldbrasse. Ihr Name kommt übrigens von dem goldfarbenen Band zwischen ihren Augen und den goldenen Flecken auf den Wangen, die aber nur in Erscheinung treten, wenn der Fisch lebt.

Adresse Vathi, Kassiopi, 49081 Korfu | ÖPNV Grüner Bus, Linie A 4 bis zur Endstation, von dort circa 25 Minuten zu Fuß | Anfahrt Von Kassiopi kommend fährt man wenige Minuten auf der Hauptstraße in Richtung Acharavi. | Öffnungszeiten nur für vorangemeldete Gruppen, die Aktivitäten auf der Fischfarm kann man nur von außen ansehen | Tipp Am besten schmecken Wolfsbarsche und Doraden gegrillt oder im Ofen gebacken. Die meisten korfiotischen Restaurants haben ein solches Gericht auf der Speisekarte.

38 Panagia Kassopitra

Die Kirche der Wundertätigen

Nicht Jahrhunderte, sondern Jahrtausende hat dieses Heiligtum bereits überdauert. Lange bevor die Venezianer kamen, stand es schon hier. In der byzantinischen Epoche, im römischen Zeitalter und sogar zu Zeus' Zeiten kamen Seefahrer und Händler hierher, um bei wechselnden Gottheiten für eine sichere Rückkehr zu beten. Als eines der ersten christlichen Gotteshäuser Korfus wurde die Kirche der Panagia Kassiopitra auf den Fundamenten eines Zeus-Tempels erbaut.

Das Öl, das in einem Lämpchen über der Muttergottesikone brannte, galt als heilig. Wer ein darin getränktes Stückchen Holz mit sich trug, hieß es, sei vor Gefahren und Krankheiten gefeit. Aber das eigentliche Wunder ereignete sich im Frühjahr des Jahres 1530.

Der junge, vaterlose Tagelöhner Stefanos stand zu Unrecht vor Gericht. Er war wegen Getreidediebstahl angeklagt, einem Vergehen, das vom strengen venezianischen Justizsystem grausam bestraft wurde: Der Junge musste selbst entscheiden, ob ihm die Hände oder die Augen entfernt werden sollten. Da er seine Hände zum Arbeiten brauchte, wählte er die Blindheit. Nachdem das Urteil vollstreckt war, brachte seine Mutter ihren blinden Sohn in die Kirche der Panagia Kassopitra und bat dort um Hilfe und Schutz. Der Priester erlaubte Mutter und Sohn, im Kloster zu bleiben, bis der Junge sich erholt hatte.

In der Nacht zum 8. Mai fühlte der von Schmerz und Pein geplagte Stefanos plötzlich eine Hand auf seinen leeren Augenhöhlen. Am nächsten Morgen blickte er seine Mutter aus zwei leuchtend grünen Augen an. Diese traute ihren eigenen Augen nicht, zumal die von Stefanos ursprünglich braun gewesen waren. Sie informierte sofort den Priester, der das Wunder der Muttergottes zuschrieb und umgehend die venezianischen Behörden davon in Kenntnis setzte. Stefanos wurde großzügig abgefunden, und die Kirche der Panagia Kassopitra gelangte zu überregionalem Ruhm.

Adresse Kassiopi, 49081 Korfu | ÖPNV Grüner Bus, Linie A 4, Ausstieg im Zentrum von Kassiopi | Anfahrt Über die Ostküstenstraße fährt man Richtung Norden und erreicht nach etwa 30 Kilometern Kassiopi. Die Kirche liegt am Ende der Haupt-Geschäftsstraße, kurz vor dem Hafen. | Öffnungszeiten meist sonntagmorgens zum Gottesdienst, an anderen Tagen ist nur der Innenhof zu besichtigen | Tipp Genau gegenüber der Kirche führt ein holpriger Fußweg zu den Ruinen der alten byzantinischen Festung. Ein Spaziergang um die Wehranlage bietet schöne Ausblicke auf Kassiopi und den Hafen.

39 Der Steinmetz

Handwerkskunst im Auswandererdorf

Es hat den Anschein, als hätte er sich nur kurz mal ausruhen wollen und sich daher an Ort und Stelle einfach hingelegt. Dann hat er, noch in seiner Arbeitskleidung, den Kopf auf seinen Unterarm gebettet, sich auf die Seite gedreht und ist eingeschlafen. Mit seiner kräftigen Hand fasst er die Platte, auf der er liegt. Seinen kleinen Finger hatte er sich bei der Arbeit verletzt und mit einer provisorisch zugeknüpften Schleife verbunden. Seine Werkzeuge, Hammer, Meißel und Klüpfel, hat er zu seinen Füßen abgelegt. Man könnte meinen, dass er nach seinem kurzen Nickerchen jeden Moment wieder aufstehen und seine Arbeit fortsetzen würde.

Doch der Steinmetz Georgios Kardamis wird nicht wieder aufstehen, denn er ruht auf seiner Grabstätte im Vorhof der Kirche Agios Nikolaos im Dorf Kato Garouna. Sein Sohn Stefanos, ebenfalls Steinmetz, hat ihm im Jahr 1903 mit viel Liebe zum Detail dieses stilvolle, eindrucksvolle Denkmal erschaffen.

Das Dorf Kato Garouna zeichnete sich schon im Mittelalter durch seine Steinmetz-Zunft aus. Der imposante Glockenturm der Kirche Agios Nikolaos ist ein noch gut erhaltenes Zeugnis dieses Handwerks. Aber auch zahlreiche Ikonostasen wurden auf Korfu in Stein gemeißelt und mit barocken Motiven verziert. Der korfiotische »Marmor« ist ein weicher, leicht zu behauender Sandstein, der damals auch für den Hausbau verwendet wurde. Wer mit offenen Augen durch das alte Dorf wandert, findet überall liebevoll gestaltete Türeinfassungen, Brunnen oder Fensterrahmen aus diesem Material.

Trotz seiner begabten Handwerker erhielt Kato Garouna später den traurigen Ruf eines »Auswandererdorfes«: Nach dem Zweiten Weltkrieg gingen zahlreiche junge Menschen nach Australien, um sich »in der neuen Welt« eine Existenz aufzubauen. Im Dorf zurück bleibt die ältere Generation, die ihre Enkelkinder oft nur vom Foto kennen.

Adresse Kato Garouna, 49084 Korfu | **ÖPNV** Grüner Bus, Linie B 8, B 9 Ausstieg in Kato Garouna | **Anfahrt** Von Korfu kommend fährt man nach Agios Matthäos. Die Dörfer Ano Garouna und Kato Garouna sind von dort ausgeschildert. | **Tipp** In der alten Olivenmühle von Kato Garouna wurde ein Museum eingerichtet, in dem unter anderem ein alter Webstuhl betrieben wird. Das Museum hat keine regelmäßigen Öffnungszeiten.

40_Die Gemäldegalerie

Schatzkammer der griechischen Malerei

Georgios Rallis war als Ministerpräsident »allseits beliebt«, und bevor er starb, hatte er einen besonderen Wunsch: Das lebensgroße Porträt seiner geliebten Mutter Zaira sollte fortan in der Gemäldegalerie ihrer Heimat Korfu aufbewart werden. Demselben Rallis ist es auch zu verdanken, dass die Pinakothek in Korakiana als eine der fünf Dependancen der griechischen Nationalgalerie überhaupt auf die Insel kam. Auf sein Betreiben hin wurde das historische Gebäude mit dem hübschen Namen Kastellino renoviert und für Ausstellungen hergerichtet.

Seither schaut die schöne Zaira mit sanftem Blick aus ihrem schweren Goldrahmen auf die Besucher hinab. Ihre aristokratische Herkunft ist nicht zu übersehen. Zaira Ralli stammte aus dem Hause der korfiotischen Adels- und Großgrundbesitzerfamilie Theotoky, ihr Vater Georgios war bereits Premierminister Griechenlands (siehe Ort 27), und vor dem Sohn regierten auch ihr zweiter Ehemann Ioannis Rallis sowie dessen Vater Dimitrios zeitweise das Land (da soll noch mal einer von Vetternwirtschaft in Hellas sprechen!). Gebildet und sportlich soll sie gewesen sein, aktiv und lebenslustig. In erster Ehe war sie mit dem Olympioniken und Botaniker Sidney Merlin verheiratet, der die Kumquat nach Korfu gebracht hat (siehe Ort 20).

In 150 Kunstwerken zeigt die Dauerausstellung der Nationalgalerie auf drei Stockwerken die Geschichte der neuzeitlichen griechischen Malerei seit der spätbyzantinischen Epoche. Direkt am Eingang empfängt den Betrachter das Bildnis des Gekreuzigten, das die Unterschrift des großen El Greco trägt, dann folgen Werke der sogenannten Heptanischen Schule und Szenen aus dem griechischen Königreich im 19. Jahrhundert. Je weiter man fortschreitet, desto moderner werden die Kunstwerke. Auf der letzten Ebene sind avantgardistische Kunst, abstrakte Malerei und experimentelle Installationen aus den 70er Jahren zu sehen.

Adresse Kastellino, Kato Korakiana, 49083 Kerkyra | ÖPNV Blauer Bus, Linie 7, Ausstieg an der Haltestelle Elea Beach Hotel, von dort circa 20 Minuten zu Fuß | Anfahrt Von Korfu Stadt kommend fährt man an der Kreuzung Tzavros nach rechts in Richtung Dassia. Hinter dem Hotel Ikos zweigt eine ausgeschilderte Straße nach Kato Korakiana ab. Die Gemäldegalerie ist ebenfalls ausgeschildert. | Öffnungszeiten Mo, Mi, Do, Sa und So 8.30–15.30 Uhr, Fr 10–14 und 18–21 Uhr | Tipp Es gibt auf Korfu noch zwei weitere Galerien: Die städtische Pinakothek ist im rechten Flügel des Königspalastes untergebracht. Die »Kerkyraiki Pinakothiki« ist in der Straße Ioannou Theotoki 77.

41 Arkoudilas Strand

Es leben die Schildkröten

Für Verkehrs- und Raumplaner ist Korfu anscheinend in Kavos bereits zu Ende. Was südlich davon als Fahrweg auf Google Maps zu sehen ist, lässt sich gerade eben noch mit dem Traktor oder Jeep bewältigen. Für die normalen Leihautos ist die zwei Kilometer lange holprige Schotterpiste zum Arkoudilas Strand jedoch eine Zumutung. Dementsprechend ruhig und naturbelassen ist es an dem 1.000 Meter langen, von grünen Hügeln eingefassten Sandstrand. Außer ein paar mit Palmwedeln gedeckten Sonnenschirmen und einem einfachen Kiosk gibt es hier keine touristische Infrastruktur. Ein Paradies für alle, die es ruhig und einsam mögen. Und für Meeresschildkröten! Denn tatsächlich werden an diesem Strand immer öfter weibliche Riesenschildkröten (*Caretta caretta*) gesichtet, die hierherschwimmen, um ihre Eier abzulegen. Die über 100 Kilogramm schweren Reptilien sind andernorts vom Aussterben bedroht und gehören nach europäischem Recht zu den besonders schützenswerten Tierarten.

Das Eierlegen ist für die Schildkrötendamen Schwerstarbeit. Schritt für Schritt müssen sie mit ihren kleinen Flossen ihren schwerfälligen Körper den Strand hinaufwuchten, um dann ein Loch von einem halben Meter Tiefe in den Sand zu graben. Um die 100 Eier legen sie ab, bevor sie das Loch zugraben und ins Meer zurückkehren.

Das Gelege ist empfindlich und braucht in den kommenden sieben bis acht Wochen vor allem Licht, Wärme und Sauerstoff. Eines Nachts (es passiert immer im Dunkeln) brechen die Schalen auf, und die Baby-Schildkröten buddeln sich durch den Sand an die Oberfläche. Dann müssen sie auf dem schnellsten Weg ins Meer, doch dort lauern viele Gefahren auf die Kleinen. Von 1.000 geschlüpften Schildkröten erreichen höchstens zwei das Erwachsenenalter. Umso wichtiger ist es, die Nester der *Caretta caretta* zu schützen. Sie legen ihre Eier nämlich immer dort, wo sie geboren worden sind.

Adresse Kavos, 49080 Korfu | **ÖPNV** Grüner Bus, Linie B 1, Ausstieg in Kavos und von dort zu Fuß circa 45 Minuten | **Anfahrt** Von Kavos aus gibt es eine Piste, die aber nur bedingt befahrbar ist. Besser fährt man mit dem Mountainbike oder geht zu Fuß. | **Tipp** Es gibt weit und breit keine Restaurants oder Bars, wo man etwas Essbares bekommt. Daher sollte man sich mit Verpflegung eindecken. Wer Lust auf sportliche Betätigung hat, kann die abgebrochene Straße am anderen Strandende hinaufklettern. Nach 100 Metern zweigt ein Fußweg ab, der in Serpentinen aufwärts durch die zerklüfteten Felsen führt. Die Aussicht auf die gegenüberliegende Insel Paxos ist grandios.

42 Asprokavos

Das weiße Kap

Wer seinen Urlaub in Kavos bucht, hat normalerweise eins im Sinn: Party, bis der Arzt kommt. Dementsprechend hoch ist in dem kleinen Ort auch die Dichte der medizinischen Notfallzentren, deren Mitarbeiter vor allem auf die Folgen von übermäßigem Alkoholkonsum spezialisiert sind. Kaum zu glauben, dass sich hinter dem turbulenten Partyort ein kleines, fast unberührtes Naturparadies verbirgt.

Die meisten Kavos-Urlauber haben weder Lust noch ausreichend Puste, um dieses zu Fuß zu entdecken. Dennoch ist es einigermaßen stark frequentiert. Denn hier beginnt die erste Etappe des 222 Kilometer langen Weitwanderwegs »Corfu Trail«, der quer über die ganze Insel führt.

Der Wanderweg verläuft (immer bergauf) durch einen Wald zu einer Klosterruine. Hier, an der höchsten Stelle oberhalb der steil abfallenden Klippen, hat man eine atemberaubende Aussicht auf die gesamte Südostküste Korfus. Die Venezier nannten diese Landspitze aufgrund ihrer schroffen, aber sehr hellen Kalksteine Cavo Bianco – weißes Kap, was auf Griechisch mit »Asprokavos« übersetzt wird. Das Kap ist der südlichste Punkt der Insel.

In die Klosteranlage aus dem Jahr 1700 war ein Befestigungsturm integriert. Der Glockenturm und das imposante Eingangstor sind noch einigermaßen gut erhalten. Aber was von dem ehemaligen Kloster, seinen Nebengebäuden, Ställen, Brunnen, Brücken und Treppen noch übrig ist, ist leider in bedauernswertem Zustand, und man fragt sich, warum sich niemand um seine Erhaltung und Restaurierung kümmert. Wahrscheinlich liegt es – wie so oft – an ungeklärten Eigentumsverhältnissen:

Ursprünglich gehörten das Kloster Panagia Arkoudilas sowie das gesamte Waldgelände der venezischen Adelsfamilie Quartano. Die Ländereien wurden unter den zahlreichen Erben verteilt, bis sich heute eine unüberschaubare besitzrechtliche Situation eingestellt hat.

Adresse Kavos, 49080 Korfu | ÖPNV Grüner Bus, Linie B 1, Ausstieg in Kavos, am Ortsausgang beginnt der Wanderweg | Anfahrt Am südlichen Ortsausgang von Kavos kann man parken und dann zu Fuß den Wanderschildern mit der Aufschrift »Arkoudilas Trail« folgen. Mit dem Auto ist der Weg nur bedingt befahrbar. | Tipp Einen Kilometer von Kavos entfernt (auf der nach links abzweigenden Straße) ist eine weitere vergessenen Natur-Sehenswürdigkeit: der künstlich angelegte, aber dann sich selbst überlassene See Moschopoulou.

43 Alexis' Milchladen

Butter aus Korfu für die Reichen und Schönen

Jackie Onassis zeigte sich auch in gastronomischer Hinsicht als echte Stilikone. So pflegte die Reedergattin beispielsweise ihr Frühstücks-croissant mit Butter aus Korfu zu bestreichen. Aus diesem Grund bestellte ihr Ehemann Aristoteles seinem »Supertanker« (wie er seine kostspielige Jackie nannte) alle zwei Wochen frische Butter bei Periklis Alexis in der Altstadt von Korfu. Geliefert wurde mit einer Sondermaschine der Olympic Airlines, die extra zu diesem Zweck zwischen Korfu und Paris hin- und herflog.

Herr und Frau Onassis waren nicht die einzigen Promis, die bei Alexis einkauften. Auch Mitglieder des griechischen Königshauses und Politiker aus dem In- und Ausland ließen und lassen sich die Köstlichkeiten des Hauses schmecken: Milchreis, Pudding, Joghurt (mit Honig) und – was hier als besondere Spezialität gilt: die Süßspeise Galaktoboureko, ein im Filoteig eingebackener Grießpudding.

Man muss aber kein VIP sein, um in den Genuss der korfiotischen Butter zu kommen. Bei Herrn Alexis wird wie vor 70 Jahren auf bodenständige Art und Weise gebuttert. Die Milch stammt ausschließlich von korfiotischen Kühen, die auf korfiotischen Wiesen weiden. Dank des inseleigenen (feuchten) Mikroklimas können die Tiere in den meisten Monaten frisches Gras und Wildkräuter fressen. Genau das ist das Geheimnis des besonderen Geschmacks der Milchprodukte. Denn was die Kühe fressen, bestimmt Farbe und Geschmack der Butter, die sich, wer möchte, bei Alexis direkt vom Butterberg aufs Brot schmieren lassen kann. Sie wird nämlich nicht in 250-Gramm-Päckchen verkauft, sondern aus der Produktionsstätte, die sich um die Ecke befindet, direkt auf die Ladentheke gestellt. Innerhalb kürzester Zeit ist der Berg jedoch abgebaut, denn das Geschäft hat seine Stammkundschaft über die sieben Jahrzehnte seiner Existenz erhalten – und ein Ende ist noch lange nicht abzusehen.

Adresse Agiou Vasiliou 12, Kerkyra, 49100 Korfu | **ÖPNV** Blauer Bus bis zur zentralen Busstation am Saroko-Platz, von hier zu Fuß | **Anfahrt** Das Geschäft ist in der Fußgängerzone, schräg gegenüber der Platia Vrachlioti. | **Öffnungszeiten** täglich 8–14 Uhr | **Tipp** Neben dem Verkaufsgeschäft ist ein kleiner Raum mit Tischen und Stühlen, wo man die Produkte des Hauses genießen kann. An den Wänden hängt eine wechselnde Fotoausstellung.

44_Die »Alte«

Die Geschichte der roten Blaskapelle

Klassische und vor allem Blasmusik ist auf Korfu ein großes Thema. Ob Nationalfeiertag oder Spyridon-Prozession – die mannstarken »Bandes«, wie die Korfioten ihre Blaskapellen nennen, sind bei jedem wichtigen Fest mit dabei. Besonders eindrucksvoll vor Ostern, wenn sich eine kilometerlange Schlange aus prächtig gekleideten Musikern durch die Altstadt schiebt. Die Insel mit ihren gut 100.000 Einwohnern zählt 18 Blasorchester und geschätzte 4.000 ausgebildete Musiker. Das Besondere dabei: Der Unterricht, den die jungen Musiker erhalten, kostet sie keinen Cent. Und das ist schon seit 180 Jahren so!

1840 – Korfu war unter englischem Protektorat – weigerte sich die britische Garde, die orthodoxen Feierlichkeiten auf Korfu musikalisch zu unterstützen. Daher gründeten ein paar Mitglieder der intellektuellen Szene Korfus ihre eigene musikalische Verbindung – die erste in Griechenland.

Der Leiter dieser Vereinigung war Nikolaos Mantzaros, ein Mann, der ein großes Stück hellenischer Musikgeschichte schrieb. Nicht nur, weil er die Nationalhymne komponierte, er gilt auch als Vater der »Ionischen Musikschule« (der ersten Komponistenschule Griechenlands) und war wohl der engagierteste Musikpädagoge seiner Zeit. Ihm ist es zu verdanken, dass die Musik auf Korfu auch Kindern der unteren Gesellschaftsschichten und Waisen zugänglich wurde. Sein ganzes Leben lang hat Mantzaros auf Honorar für seinen Unterricht verzichtet.

Im Laufe der Jahrzehnte kamen und gingen viele weitere Musikvereine auf Korfu, doch die erste philharmonische Vereinigung – bei den Korfioten »die Alte« oder »die Rote« genannt – existiert immer noch. Im ersten Stock ihres Vereinshauses ist ein kleines, aber hochinteressantes Musikmuseum untergebracht, in dem alte Musiknoten, Instrumente, Fotos und andere Dokumente aus der Zeit der Ionischen Musikschule zu sehen sind.

Adresse Philharmonische Gesellschaft von Korfu, Nikiforou Theotoki 10, Kerkyra, 49100 Korfu | **ÖPNV** Blauer Bus bis zur zentralen Busstation am Saroko-Platz, von hier zu Fuß | **Anfahrt** Das Museum ist in wenigen Minuten vom Parkplatz an der Esplanade zu erreichen. | **Öffnungszeiten** in der Saison vormittags 10–13 Uhr | **Tipp** Die korfiotischen Bandes geben auch öffentliche Konzerte. Plakate am Theater und an zentralen Stellen in Korfu informieren über Tag und Ort.

45_Annunziata

Erinnerung an einen Wendepunkt Europas

An sehr zentraler Stelle im wuseligen Einkaufsviertel der Fußgängerzone wirkt dieser außergewöhnlich hohe und mit seinem quadratischen Grundriss eher unorthodoxe Glockenturm ein bisschen verloren zwischen den modernen Wohn- und Geschäftshäusern. Die zum Kirchturm gehörige katholische Kirche Annunziata sucht man hier vergeblich. Nachdem ihr Dach im Zweiten Weltkrieg von der deutschen Luftwaffe zerbombt wurde, entschied die Inselverwaltung von Korfu in den 50er Jahren, es nicht zu reparieren, sondern die Überreste der Kirche ganz abzureißen. Eine Entscheidung, die auch den orthodoxen Kirchenvertretern die Tränen in die Augen trieb.

Die im 14. Jahrhundert erbaute Kirche Annunziata hatte den Beinamen Santa Lucia. Sie erinnerte an ein dramatisches Ereignis aus dem Jahr 1571, das in Europa einen Wendepunkt der Geschichte einleitete. Es geht um die Seeschlacht von Lepanto, dem heutigen Nafpaktos, die etwas weiter südlich im Ionischen Meer stattfand: Die sogenannte »Heilige Liga«, eine zusammengewürfelte Flotte aus spanischen, venezianischen und päpstlichen Truppen, schaffte es, die zahlenmäßig überlegene osmanische Supermacht zu besiegen. Ein Triumph, der zwar den gefürchteten Vormarsch der Türken im Mittelmeer stoppte, aber auf beiden Seiten viele Todesopfer forderte. 25.000 Türken und 7.500 Christen verloren bei der Schlacht, die als eine der grausamsten der Geschichte gilt, an einem einzigen Tag ihr Leben.

Die christlichen Gefallenen wurden auf Korfu in der Kirche Annunziata beigesetzt und die Verletzten im Augustinerkloster, das an die Kirche angeschlossen war, gesund gepflegt. Unter ihnen war auch der berühmte spanische Schriftsteller Miguel de Cervantes, der bei der Schlacht seine linke Hand verlor und ein Jahr auf Korfu verbrachte. Mit der rechten schrieb er Jahre später sein berühmtestes Werk »Don Quijote de la Mancha«.

Adresse Vrachlioti 56, Kerkyra, 49100 Korfu | **ÖPNV** Blauer Bus bis zur zentralen Busstation am Saroko-Platz, von hier zu Fuß | **Anfahrt** Der Kirchturm liegt am Eingang zum historischen Zentrum der Stadt. | **Tipp** Ganz in der Nähe erinnert eine Schautafel an das alte, prächtige Stadttor Porta Reale, das in der Vergangenheit den Eingang ins alte Kerkyra ermöglichte.

46 Die antiken Tempel

Archäologie im Schlosspark

Der Schlosspark Mon Repos: Wer hier eine gepflegte Anlage mit Zierbeeten, Wasserspielen, beschnittenen Hecken und langen Alleen erwartet, wird enttäuscht werden. Der 25 Hektar große Park hat eine ungewöhnliche natürliche Topografie und eine noch ausgefallenere Botanik. Je weiter man vom Palast aus ins Innere der Anlage spaziert, desto weniger würde man sich wundern, wenn jeden Moment eine Horde Affen aus den riesigen, monströs wirkenden Ficus-Bäumen springen würde.

Älter als die Bäume sind jedoch die Steine, die man auf dem Gelände gefunden hat. Diese gehören nämlich zur antiken Stadt Paleopolis, die sich einige Jahrhunderte vor Christus über die gesamte Halbinsel, die heute Kanoni genannt wird, erstreckte. Wo heute der Park ist, befand sich früher die Agora, das Zentrum der Stadt. Hier waren damals die öffentlichen Gebäude, also die Stoa, die Markthalle sowie Thermen und natürlich Heiligtümer für die verschiedenen Gottheiten.

Ein solcher Tempel wurde auf höchster Stelle der Agora der Göttin Hera errichtet. Das sogenannte Heraion hatte mit 20 mal 40 Meter Wandlänge für damalige Verhältnisse enorme Ausmaße. Das Dach muss besonders eindrucksvoll gewesen sein: Es war mit Ziegeln gedeckt und mit bunten Ziersteinen in Form von Gorgonen oder Löwenköpfen besetzt. Große Tierfiguren zierten die Giebel, und Archäologen fanden einen Dachstein, der stolze 75 Kilogramm auf die Waage brachte. Leider ist vom Heraion und auch vom benachbarten Kardaki-Tempel heute nicht mehr viel mehr als ein paar Mauern und Säulen übrig. Denn als die Venezier Jahrhunderte später die Insel eroberten, bauten sie aus den Steinen von Paleopolis die neue Stadt auf. Die wertvolleren Fundstücke, die bei den Ausgrabungen zutage traten, werden im Archäologischen Museum aufbewahrt.

Die Ausgrabungen im Mon Repos dauern an, und jedes Jahr finden Archäologen neue Elemente der alten Stadt.

Adresse Mon Repos, 49100 Korfu | ÖPNV Blauer Bus, Linie 2, Ausstieg am Mon Repos | Anfahrt Von Korfu Stadt kommend fährt man in Richtung Kanoni. Der Park liegt hinter der Garitsa-Bucht am Anfang der Halbinsel Analipsis. | Öffnungszeiten täglich 8.30–19 Uhr | Tipp Der alte Steinsteg unterhalb vom Park ist ein wildromantischer Badeplatz.

47 Die Apidalos Naus

Die mentale Kraft der Phäaken

Wer von Korfu Stadt zum Hafen fährt, wird durch einen Verkehrskreisel gelenkt, durch den man dann glatt ein paarmal im Kreis fahren möchte. Denn in seiner Mitte steht eine besonders interessante Skulptur, bei der man nicht auf Anhieb erkennt, was sie darstellt. Die Einheimischen wissen es natürlich: »Das ist die Apidalos Naus!« Aha. Selbst wer bereits den Neugriechisch-Kurs für Fortgeschrittene absolviert hat, ist jetzt noch nicht schlauer. Obwohl, Naus, das kennt man von Nautik, und schon wird klar, dass die Skulptur ein Schiff darstellt. Ganauer gesagt DAS Schiff, es handelt sich nämlich um das Wahrzeichen der Insel Korfu.

Die Apidalos Naus waren die Schiffe der Phäaken, der Bewohner der Insel Scheria – so hieß Korfu in der griechischen Mythologie. Dank des altgriechischen Dichters Homer, dem Verfasser der Odyssee, weiß man eine ganze Menge über dieses sagenhafte Volk. In nur einer Nacht – so heißt es in der Odyssee – hätten die Phäaken mit ihren legendären Schiffen den Helden Odysseus nach seiner zehnjährigen Irrfahrt endlich zu seiner Heimat Ithaka geleitet. In seinem Heldenepos besingt Homer sogar explizit die phäakische Kunst der Schifffahrt und des Bootsbaus: »Schnell wie ein Falke« sollen die Schiffe gewesen sein, äußerst seetauglich, auch bei Nacht und Nebel, stabil in der Welle und unsinkbar.

Das Besondere aber: Die Apidalos Naus verfügte weder über eine Steuereinrichtung noch über einen Kapitän (Apidalos heißt nämlich »ohne Steuer«), sondern lediglich über eine Besatzung von 52 Mann, die sie durch Rudern vorantrieb. Die Boote der Phäaken wurden allein durch die Gedanken der Besatzung koordiniert und gelenkt und erreichten ihre Ziele durch mentale Kraft.

Leider lieferte Homer dafür aber keine Erklärung, und auch der Wissenschaft ist es noch nicht gelungen, die besonders intelligente Steuerungstechnologie dieser beseelten Schiffe im Detail zu erklären.

Adresse Kerkyra Hafen, 49100 Korfu | ÖPNV Blauer Bus, Linien 2b, 15, 16 und 17, Ausstieg am Hafen | Anfahrt Von Korfu Stadt kommend fährt man am Wasser entlang in Richtung Hafen. Der Kreisel ist kurz vor der Hafeneinfahrt. | Tipp Wer das Treiben am Hafen aus nächster Nähe beobachten möchte, kann es sich im Café »7 Vente«, direkt neben dem Verkehrskreisel, gemütlich machen.

48 Das Banknotenmuseum

Phönix aus der Asche und der erste Grexit

Griechenlands finanzielle Situation wurde im letzten Jahrzehnt ja ordentlich durchgekaut. Die Wirtschaftskrise war Partygespräch, Lieblingsthema der Klatschpresse und Wahlkampfobjekt. Eine Zeit lang hatte man den Eindruck, dass es in Europa von Finanzexperten mit Schwerpunkt Hellas nur so wimmelt. Wie konnte es so weit kommen? Ist der Euro überhaupt noch zu retten? Plötzlich stand das Wort Grexit im Raum, und derjenige, der es auf den Plan rief, tat, als hätte er die Weisheit mit Löffeln gefressen. Dabei hat es den Grexit vor mehr als einem Jahrhundert tatsächlich gegeben, als das Land in einer ganz ähnlichen Situation steckte.

Die Europäische Währungsunion hieß damals »Lateinische Münzunion«, und man fragt sich zu Recht, warum und wie Griechenland dieser beitreten konnte. Denn das junge Land war ja gerade erst wie »Phönix aus der Asche« aus der 400-jährigen türkischen Besetzung auferstanden. (Aus diesem Grund hieß die erste Währung des neuen Griechenlands auch nicht Drachme, sondern Phönix). Das einzige Exportprodukt waren Korinthen, aber das unfertige Land brauchte dringend eine neue Infrastruktur. Und so überstiegen die Ausgaben schon bald die Einnahmen. Wer wissen möchte, was dann geschah, sollte sich im Banknotenmuseum umschauen.

Untergebracht ist die numismatische Ausstellung im ersten Stock des denkmalgeschützten neoklassischen Gebäudes der ehemaligen »Ionischen Bank«, die 1839 noch unter britischem Protektorat gegründet wurde. Sie zeigt die Wandlung der Geldscheine im Laufe der folgenden Jahre: Von den ersten als Pfund Sterling ausgegebenen Banknoten bis zur kompletten Serie der letzten Geldscheine vor Einführung des Euro präsentiert sie sämtliche griechische Banknoten, die jemals im Umlauf waren. Auch die Produktionsweise der Scheine wird gezeigt. Hinter jedem Exponat steckt eine kleine Geschichte, die das kompetente Personal dem Besucher lebendig vermittelt.

Adresse Nikiforou Theotoki 32, Kerkyra, 49100 Korfu | **ÖPNV** Blauer Bus bis zur zentralen Busstation am Saroko-Platz, von hier zu Fuß | **Anfahrt** Das Museum ist in der Fußgängerzone, wenige Schritte von der Kirche Panagia ton Xenon entfernt. | **Öffnungszeiten** Mi und Fr 9–14 und 17.30–20.30 Uhr, Do 9–15 Uhr, Sa 8.30–15 Uhr | **Tipp** Lust auf ein Eis? Schräg gegenüber in der Konditorei »Papgeorgis« gibt es eine große Auswahl von hausgemachten Eissorten.

49 Der Coffee-Shop

Ein kleines bisschen Orient in Korfu

Der Laden springt ins Auge. Aber nicht, weil er besonders einfallsreich dekoriert ist, sondern im Gegenteil: Zwischen all den schicken Modeboutiquen, Schuh- und Ledergeschäften, edlen Cafeterien und Bars auf der Straße Georgios Theotoki sticht der Laden mit der Hausnummer 20 gerade durch sein eher altmodisches Erscheinungsbild heraus. Ein großes Schild prangt über der hölzernen Eingangstür, beschriftete und bemalte Säulen begrenzen das wuselige Schaufenster. Wer eintritt, fühlt sich wie in einem kleinen Basar. Lange Regale und Glasvitrinen, Dosen, Gläser und Schachteln sind gut gefüllt mit allen möglichen festen und flüssigen Leckereien: Dörrobst, Gewürze, Hochzeitsmandeln, Bonbons, Wein, Liköre und Brände, Tee und natürlich das Produkt, mit dem alles anfing: Kaffee. Frisch gemahlen duftet er aus der alten Kaffeemühle hinter der Ladentheke.

Anfang des 20. Jahrhunderts machte sich der Armenier Arsak Markosian wie viele seiner Landsleute aus seinem osmanisch besetzten Heimatland auf den Weg nach Korfu. Dort entdeckte der Kaffeehändler sofort eine Marktlücke. Die Insel, die von der türkischen Kultur ziemlich unbeeinflusst war, kannte mehr oder weniger nur »europäischen Kaffee«. Markosian importierte Kaffeebohnen im großen Stil aus der Heimat, röstete sie und mahlte sie ganz fein. Auf diese Weise konnte man den Kaffee dann als aromatischen Mokka im »Briki«, dem kleinen Kaffeetöpfchen mit dem langen Griff, aufkochen. Der Kaffeeladen von Markosian fand bald Anerkennung bei den Korfioten.

Immer noch verströmt das Geschäft sein unverwechselbares Aroma. Und immer noch stehen die Markosians im Laden, der sich nach wie vor großer Beliebtheit erfreut und aus der Einkaufsstraße nicht wegzudenken ist.

Man bekommt dort auch ein typisch armenisches Produkt, nämlich den armenischen Weinbrand »Ararat«, der lange Zeit als »Cognac aus Armenien« gehandelt wurde.

Adresse Georgios Theotoki 20, Kerkyra, 49100 Korfu | ÖPNV Blauer Bus bis zur zentralen Busstation am Saroko-Platz, von hier zu Fuß | Anfahrt Der Shop ist in der Fußgängerzone, gegenüber von »Marks & Spencer«. | Öffnungszeiten Mo – Sa 10 – 14 Uhr | Tipp In griechischen Café-Bars gibt es normalerweise auch griechischen Kaffee. Man bestellt ihn je nach Geschmack schwarz, mit etwas Zucker oder süß.

50_Der Duomo

Gelebte Ökumene

Klar, jede Religion hat ihre Eigenarten: Die einen küssen ihre Ikonen und tauchen die Babys bei der Taufe unter, die anderen spielen Orgel in der Kirche und verbieten ihren Priestern zu heiraten. Hier schlägt man das Kreuzzeichen von rechts nach links, dort umgekehrt. Die einen hören auf den Papst, die anderen eben nicht. Na und?

Aus theologischer Sicht ist der Unterschied zwischen Katholiken und Orthodoxen gar nicht so groß, glauben doch alle an den gleichen dreigeeinten Gott. Auf Korfu geht man mit dem Thema sowieso recht locker um. Immerhin bekennen sich circa 3.500 Menschen, das sind etwa vier Prozent der Korfioten, zum katholischen Glauben. Die meisten sind Malteser, Nachfahren der maltesischen Gastarbeiter, die während des englischen Protektorats nach Korfu einwanderten. Die britischen Hochkommissare ließen nämlich ihre Paläste und offiziellen Gebäude gern aus maltesischem Marmor errichten und holten sich die katholischen Steinmetze und Handwerker gleich mit ins Land.

Die katholische Gemeinde ist groß und die Gottesdienste gut besucht. Ihre Kirche, der Duomo, ist gleichzeitig katholischer Bischofssitz, denn das katholische Erzbistum Korfu wurde bereits 1310 gegründet und hat seitdem ohne Unterbrechung seinen Sitz auf der Insel. In der den beiden Heiligen Jakovos und Christophoros gewidmeten und im Vergleich zu orthodoxen Gotteshäusern eher schlicht gehaltenen Kirche gibt es auch byzantinische Ikonen. Eine davon zeigt den heiligen Spyridon, der von den orthodoxen Korfioten als Schutzpatron verehrt wird. Sowieso leben die Katholiken mit der orthodoxen Mehrheit harmonisch zusammen. So feiern beide Religionen sogar zusammen den Karfreitag, und das obwohl das Osterfest der Ostkirche selten mit dem katholischen Ostern zusammenfällt. Am Ostersonntag der Katholiken findet in Korfu speziell für die ausländischen Besucher eine Extra-Prozession statt.

Adresse Platia Dimarchiou, 49100 Korfu | **ÖPNV** Blauer Bus bis zur zentralen Busstation am Saroko-Platz, von hier zu Fuß | **Anfahrt** Am besten parkt man an der Esplanade und geht von dort zu Fuß zum Rathausplatz (etwa fünf Minuten). | **Öffnungszeiten** meist tagsüber außer in der Mittagszeit zugänglich | **Tipp** Die Platia Dimarchio, der Rathausplatz, auf dem der Duomo steht, liegt zwar mitten in der Altstadt. Dennoch hat sie ihren sehr charmanten italienischen »Piazza-Flair« erhalten. Gegenüber der Kirche liegt das ehemalige Theater und heutige Rathaus San Giacomo.

51 Das Enosis-Denkmal

Das Monument der griechischen Einheit

Nicht wirklich schön, aber ein Blickfang ist die gemauerte Säule auf der Esplanade (dem übrigens größten Platz auf dem Balkan) auf jeden Fall. Und außerdem nützlich. Die Treppenstufen des Plateaus bieten genügend Sitzplätze auch für größere Schüler- und Touristengruppen, während sich die sieben Gedenksteine rings um das Denkmal perfekt als Torpfosten oder für die Kleinen als Versteck eignen.

So richtig zur Geltung kommt das Monument eigentlich nur einmal im Jahr, und zwar am 21. Mai. Dann werden Kränze vor ihm niedergelegt, Politiker verneigen sich vor ihm, und der ganze Platz verwandelt sich in einen riesigen Laufsteg. Sämtliche Philharmonien und Schulen der Stadt sowie alle bedeutsamen Kultur- und Sportvereine marschieren in Form einer bunten Parade auf.

Abgesehen von der Tatsache, dass der 21. Mai Namenstag aller Personen und Kirchen mit den Namen Konstantinos und Eleni (und das sind nicht gerade wenige) ist, gibt es an diesem Tag einen wichtigen politischen Grund zum Feiern.

Er ist für Korfu und die anderen Ionischen Inseln ein Nationalfeiertag, denn vor mehr als 150 Jahren, genauer gesagt 1864, wurde die Inselgruppe »Eptanisa« von den Engländern an Griechenland übergeben und somit nach jahrhundertelanger Fremdherrschaft endlich wieder griechisch.

Bereits 146 v. Chr. fielen die sieben Inseln (die Messingreliefs auf den Gedenksteinen symbolisieren jeweils eine von ihnen) für einen Zeitraum von fast 400 Jahren an das Römische Reich. Nach dessen Fall gehörten sie dann zu Byzanz, bis sie 1204 eine nach der anderen von der mächtigen Seerepublik Venedig erobert wurden. Die Venezianer-Herrschaft dauerte fast 600 Jahre, erst Ende des 18. Jahrhunderts besiegte Napoleon Venedig, und die Ionischen Inseln fielen unter französische und schließlich unter britische Herrschaft. Und die endete eben an besagtem 21. Mai 1864.

Adresse Spianada, Kerkyra, 49100 Korfu | ÖPNV Blauer Bus bis zur zentralen Busstation am Saroko-Platz, von hier zu Fuß | Anfahrt Der Spianada-Platz liegt gegenüber der alten Festung. | Tipp Unterhalb der Esplanade beginnt die Lieblingsflaniermeile der Korfioten, der Liston. Ein Eiskaffee dort am Nachmittag gehört für Touristen und Einheimische zu einem Stadtbummel unbedingt dazu.

52 Die heilige Theodora

Der Sieg der Bilderfreunde

Dieses Gotteshaus ist nicht zu übersehen. Gegenüber dem alten Hafen liegt, leuchtend rot gestrichen und mit einer sonnenähnlichen Dekoration verziert: die Kirche der Jungfrau Maria Spiliotissa, von den Korfioten nur Mitropolis (Bischofskirche) genannt. Im Inneren gibt es einige Ikonen, auf denen eine resolut erscheinende Frau mit Krone abgebildet ist, die ihrerseits eine Ikone in der Hand hält. Das ist die heilige Kaiserin Theodora, die es schaffte, einen mehr als 100 Jahre dauernden religiösen Bürgerkrieg, den sogenannten »byzantinischen Bilderstreit«, zu beenden. Ihre Reliquien wurden 1489 zusammen mit den Gebeinen des heiligen Spyridon nach Korfu gebracht und ruhen seitdem hier in einem silbernen Sarkophag.

Kaiserin Theodora lebte Ende des 9. Jahrhunderts in Kleinasien und war die Ehefrau des byzantinischen Kaisers Theofilos. Das Paar hatte ein Grundsatzproblem: Während der Kaiser religiöse Heiligenbilder- und Wandmalereien strikt verbot und zerstören ließ (schließlich hatte bereits Moses angeordnet: »Du sollst dir kein Gottesbild(nis) machen«), hortete seine Frau heimlich Ikonen, um sie zu küssen und mit ihnen zu sprechen.

Dann wurde der Kaiser sehr krank, und während er mit dem Tod rang, hielt ihm Theodora eine Christus-Ikone vor den Mund, aus dem wie es heißt sein Kehlkopf nach außen getreten sei. Er küsste das Bildnis (wie auch immer), und umgehend nahm der kaiserliche Hals wieder seine normale Gestalt an. Einige Tage später starb er aber trotzdem, und sein erst drei Jahre alter Sohn wurde Thronfolger. So konnte die verwitwete Theodora die Regentschaft übernehmen. Natürlich setzte sie durch, dass Ikonen in der orthodoxen Kirche fortan wieder verehrt wurden. Theofilos wurde posthum vergeben, und der Ikonenstreit wurde endgültig beigelegt.

Immer noch hat jeder orthodoxe Gläubige eine innige Beziehung zu den Ikonen, küsst sie und betet zu ihnen.

Adresse Mitropoleos, Kerkyra, 49100 Korfu | **ÖPNV** Blauer Bus bis zur zentralen Busstation am Saroko-Platz, von hier zu Fuß | **Anfahrt** Die Kirche ist am Eingang zur Altstadt gegenüber dem Alten Hafen, wo man auch parken kann. | **Öffnungszeiten** in der Regel den ganzen Tag über für Besucher geöffnet | **Tipp** Nur ein paar Minuten zu Fuß entfernt ist die größte und wichtigste Kirche Korfus, die des heiligen Spyridon, des Schutzheiligen der Insel.

53 Die Ionische Uni

Was aus der ersten Akademie geworden ist

Trotz Sparzwang und Lehrkräftemangel ist Studieren in Griechenland nach wie vor beliebt. Fast jeder Schüler, auch wenn er nur mit Ach und Krach das Abi schafft, schlägt anschließend eine mehr oder weniger erfolgreiche Akademikerlaufbahn ein. Auf Korfu hat das Studieren sowieso eine lange Tradition – war doch hier die erste griechische Hochschule. Gegründet noch unter französischer Herrschaft, nahm die »Académie Ionienne« bereits 1808 ihren Studienbetrieb und die ersten Studenten auf. Jedoch konnte man sich nicht ganz einigen, in welcher Sprache diese unterrichtet werden sollten. Griechisch, Italienisch oder Französisch? Schließlich kam man auf die Idee, einen Literatur- und Übersetzerwettbewerb im Stil der Olympischen Spiele einzuführen. Das Projekt blieb jedoch in der Planungsphase stecken, denn wenige Jahre nach ihrer Gründung schloss die Einrichtung schon wieder. Erst unter englischem Protektorat wurde sie 1824 als Ionische Akademie neu eröffnet.

Die heutige Ionische Universität ist kaum 40 Jahre jung. Übersetzt wird hier immer noch, denn auf Korfu gibt es griechenlandweit den einzigen Lehrstuhl für Übersetzen und Dolmetschen.

Klassische Studienfächer wie Medizin, Natur- oder Ingenieurwissenschaften und Jura sucht man allerdings vergeblich. Dafür werden Bibliothekare (klar, denn auch die erste griechische Bibliothek war schließlich auf Korfu), Museologen, Informatiker und Historiker ausgebildet.

Für kreative Köpfe gibt es den Fachbereich Audiovisuelle Kunst und – wo sonst, wenn nicht auf der »Insel der Musik« – eine Musikhochschule (überflüssig zu erwähnen, dass auch die erste griechische Musikschule auf der Insel gegründet wurde). Diese ist an einem besonderen Ort untergebracht, nämlich im Inneren der alten Festung. Wer dort spazieren geht, hört die Studenten mitunter ihre verschiedenen Instrumente stimmen, tröten, klimpern oder streichen.

Adresse die Fachbereiche sind an verschiedenen Orten der Stadt untergebracht, die geschichtliche Fakultät und die Fakultät für Übersetzen und Dolmetschen sind in der Straße Ioannou Theotoki 72, 49100 Korfu | ÖPNV Grüner Bus, Linien A1, A2, A3, A4, A5, A6, A7, Ausstieg an der Old Bus Station | Tipp Die ehemalige Ionische Akademie steht am oberen Ende der Esplanade, gegenüber der Kapodistrias-Statue.

54 Das jüdische Viertel

Die Wurzeln eines berühmten Schriftstellers

Direkt unterhalb der neuen Festung beginnt eine eigene kleine Welt. Häuser, die aneinanderzukleben scheinen, ihre Fassaden schlicht und düster mit geschlossenen Holzläden vor den kleinen Fenstern, winzige Geschäfte präsentieren im Erdgeschoss ihr Angebot: Textilien, Schmuck, Handwerksprodukte, Süßwaren. Im Sommer fluten Touristen die schmalen Gassen, doch nach der Saison wird es still im jüdischen Viertel, das von den Einheimischen auch heute noch »Ovraiki« genannt wird.

Für die 5.000 Juden, die im 19. Jahrhundert auf Korfu wohnten, galten theoretisch die gleichen Rechte wie für ihre orthodoxen Mitbürger. Sie beteiligten sich maßgeblich am öffentlichen und vor allem wirtschaftlichen Leben der Stadt, und so wurde das jüdische Quartier eins der wichtigsten Handelszentren Korfus. Was die Insel an Rohstoffen zur Verfügung hatte, wurde hier verarbeitet und verkauft, und nicht wenige jüdische Familien gelangten zu Ansehen und Reichtum. Das führte bei einigen griechischen Korfioten zu Neid und Missgunst. Antisemitische Strömungen entstanden, spitzten sich zu und gipfelten schließlich in einer Ritualmordlegende. Die führte zu einem Pogrom, infolgedessen drei Viertel der Juden die Insel verließen.

Unter ihnen waren neben den Eltern des Sängers Georges Moustaki auch die Seifenfabrikanten Cohen mit ihrem damals fünfjährigen Sohn Albert. Der sollte später als einer der wichtigsten französischsprachigen Autoren des 20. Jahrhunderts, aber auch als Rechtsgelehrter und Diplomat in die Geschichte eingehen. Sein Großvater war Rabbiner in der Synagoge, die als einziges der ehemals vier jüdischen Gotteshäuser noch erhalten ist.

Am unteren Eingang der Ovraiki erinnert eine Bronzestatue an das wohl dunkelste Kapitel der europäischen, aber auch korfiotischen Geschichte: Am 11. und 15. Juni 1944 erfolgte die Deportation der korfiotischen Juden nach Auschwitz. Nur 122 Menschen kamen zurück.

Adresse Kerkyra, 49100 Korfu | ÖPNV Blauer Bus bis zur zentralen Busstation am Saroko-Platz, von hier zu Fuß | Anfahrt Am besten parkt man am Parkplatz gegenüber der Spilia und geht von dort zu Fuß an der Bronzestatue vorbei geradeaus in eine der schmalen Gassen. Das jüdische Viertel zieht sich bis zur neuen Festung. | Tipp Die letzte Synagoge Korfus ist normalerweise zwischen Sonntag und Donnerstag 11 bis 15 Uhr geöffnet.

55 Die Kaiserbrücke

Was vom herrlich einfachen Leben übrig blieb

Dieses Monument instand zu setzen wäre doch mal ein Projekt zur Intensivierung der deutsch-griechischen Beziehungen! Hier ließen sich im wahrsten Sinne des Wortes Brücken bauen! Wenn der Namensgeber der Kaiserbrücke sehen könnte, was heute noch von ihr übrig ist – er würde sich im Grab herumdrehen. Die Reste ihres Fundaments bröckeln vor sich hin. Die Brüstung des Stegs ist dunkel angelaufen, ihr Geländer rostig, die Anlegestelle mit den beiden Delphinskulpturen mitleiderregend.

Dabei war sie einst ein so stolzes Bauwerk. Sie verband den Strand mit dem Achilleion, dessen prächtige Gärten sich (heute leider nicht mehr zugänglich) bis hinunter an die Küste erstrecken. Der letzte deutsche Kaiser hatte die steinerne Bogenbrücke »Gefyra tou Kaiser« Anfang des letzten Jahrhunderts mauern lassen, nachdem er Sisis ältester Tochter das Schlösschen abgekauft hatte.

Wilhelm II. verbrachte normalerweise die Osterzeit auf Korfu, wo er nach eigenen Worten ein »herrlich einfaches Leben« führte. Der Brücke kam dabei eine besondere Rolle zu. Nicht nur wurden der kaiserlichen Familie ihre Mahlzeiten Tag für Tag über die Brücke durch den Garten ins Schloss gebracht. Auch bestand Seine Majestät, der »Reisekaiser«, auf seiner Privatsphäre (anders als die Vorbesitzerin Sisi, die das Achilleion gern verließ und sich unters Volk mischte) und nutzte die Brücke, um unter Ausschluss der Öffentlichkeit mit Gattin und Kindern zu baden. Vor der Brücke lag natürlich auch des Kaisers Dampfyacht »Hohenzollern«. Hier richtete er seine »herrlich einfachen« Empfänge aus, mit unzähligen herrlich einfachen Speisen in Begleitung seiner pompösen Schiffskapelle und einer ganzen Armee von Bediensteten.

Die kunstvoll gemauerte Bogenbrücke überlebte nur wenige Jahrzehnte. Im Zweiten Weltkrieg wurde sie von deutscher Hand wieder zerstört, um der Wehrmacht die Durchfahrt für schweres Geschütz zu ermöglichen.

Adresse Kaisers Bridge, Kerkyra, 49084 Korfu | ÖPNV Grüner Bus, Linien B 1, B 2, B 3, B 5, B 6, B 7, B 8 und B 12 Richtung Süden, Ausstieg an der Station Kaiser Bridge | Anfahrt Die Brücke liegt unterhalb des Achilleion auf der Straße nach Benitses. | Tipp Der Kaiser hat auf Korfu auch kulturelle Spuren hinterlassen. Noch heute gehören seine Lieblingslieder zum Standardrepertoire aller korfiotischen Blasorchester und werden auf den Volksfesten gespielt und getanzt. Man sollte sich also nicht wundern, wenn man auf einer Kirchweih plötzlich das Lied »Im Grunewald ist Holzauktion« hört.

56 Kanonis Landebahn

Planespotting und das Fotomotiv schlechthin

Ganz ehrlich, für Menschen, die im Flugzeug ein mulmiges Gefühl im Bauch haben, gibt es bestimmt angenehmere Momente als den Landeanflug auf Korfu. Für alle anderen und besonders für Planespotter ist er dagegen ein echtes Highlight. Der Flughafen Ioannis Kapodistrias hat nämlich eine … sagen wir mal besonders spektakuläre Landebahn, die wie eine künstliche Landzunge in eine Lagune hineinragt. Mit nur 2.400 Metern gehört sie zu den kürzesten in Europa, weshalb es auch nur erfahrenen Piloten erlaubt ist, hier zu landen.

Die aus Süden einfliegenden Flugzeuge lassen sich am besten von Kanoni aus beobachten. Hinter der alten Kanone, die der Gegend ihren Namen gab (ein Überbleibsel der französischen Besatzungszeit), gibt es zwei Aussichtscafés. Von hier hat man nicht nur den Flughafen, sondern auch das klassische Postkartenmotiv Korfus vor Augen: die winzig kleine, mit Bäumen bewachsene und von Kaiserin Sisi heiß geliebte Pontikonissi, die sogenannte Mausinsel, und das ihr vorgelagerte Kloster Vlacherna.

Von den Cafés führen ein paar Treppenstufen hinunter zu einem betonierten Steg, der unmittelbar vor der Landebahn die beiden Ufer der Lagune miteinander verbindet. Direkt in der Mitte dieses Damms stehen die Flugzeugfans mit ihren Kameras am liebsten. Der beste Moment ist der, wenn die Maschine an Benitses und Perama vorbei in den Endanflug geht. Dann ziehen die Besucher des Inselchens, auf dem immerhin ein altes Kloster zu besichtigen ist, die Köpfe zwischen die Schultern. Die Passagiere auf den kleinen Kähnen, die im Halbstundentakt zwischen dem Steg und der Mausinsel hin- und herpendeln, schauen verschreckt auf das scheinbar zum Greifen nahe Fahrwerk über ihnen.

Aber keine Sorge: Das kleine byzantinische Kloster und sogar die hohen Zypressen ringsherum stehen immer noch, und bisher ist auch noch kein Flugzeug über die Landebahn hinausgeschossen.

Adresse Kanoni, Kerkyra, 49100 Korfu | ÖPNV Blauer Bus, Linie 2, Ausstieg in Kanoni | Anfahrt Von Korfu Stadt aus fährt man in Richtung Süden den Schildern entsprechend nach Kanoni. Der an- und abfließende Verkehr folgt einem Einbahnstraßensystem. | Tipp Auch von der anderen Seite des Stegs, dem Ortsteil Perama, laden einige Ausflugscafés zum Planespotten ein.

57 Kantouni tou Bizi

Szeneviertel in der Altstadt

Wer aus dem stetig fließenden Besucherstrom der Altstadt-Einkaufsstraße Nikiforou Theotoki aussteigt und schräg gegenüber des »Mikro Cafe« in die Gasse Maniarizi Arlioti abzweigt, tritt umgehend in eine andere Welt ein. Die rege Geschäftigkeit der Shoppingmeile wird in dem engen Gässchen von einer der Tourismusentwicklung trotzenden Gemütlichkeit verdrängt. Bei den Korfioten heißt das Sträßlein Kantouni tou Bizi (die Gasse von Bizi, sprich: Bisi), benannt nach dem herrschaftlichen fünfstöckigen Stadthaus der Großhändlerfamilie Cobici, das hier direkt auf der Ecke steht.

Gegenüber dem äußerst fotogenen Eingangsbereich der Cobicis sitzen die männlichen Altstadtbewohner bei Kaffee, Ouzo und Aschenbechern vor Dimitris Kafeneion (auch in Griechenland wurde mittlerweile das Rauchverbot in geschlossenen Räumen durchgesetzt) und begutachten wohlwollend, wer ins Kantouni eintritt. Dahinter wird es kunterbunt und ein bisschen kultig. Kleine, individuell gestaltete Lädchen verleihen dem Gässchen seinen alternativen Charme. Es gibt eine traditionelle Lederschreinerei, ein Atelier mit Ausstellungsraum, Antiquitäten, allerlei Kitsch und viel Kunsthandwerk, dazwischen auch Kult am Körper in Form von Tattoo-, Nagel- und Haarkunst.

Doch was wäre ein Szeneviertel ohne Cafés, Bars und Restaurants? So kreativ und vielseitig wie die ganze Gasse ist auch das gastronomische Angebot im Kantouni. Eine alteingesessene Konditorei verkauft typisch griechisch-korfiotisches Naschwerk, das im Hinterhof gefertigt wird. In der Café-Bar »Gabao« gibt es manchmal Filmvorführungen mit Abendessen. Die älteste Trattoria Korfus, »La Famiglia«, hat sowieso ihr Stammpublikum, genauso wie das Restaurant »Anthos«.

Und im »Cafe Bisou« kann, wer möchte, nach dem Bummeln bei Kaffee und (veganem / glutenfreiem) Kuchen ein bisschen Klavier spielen oder in alten Büchern herumstöbern.

Adresse Maniarizi Arlioti, Kerkyra, 49100 Korfu | ÖPNV Blauer Bus bis zur zentralen Busstation am Saroko-Platz, von hier zu Fuß | Anfahrt Die Straße beginnt in der Fußgängerzone, schräg gegenüber dem »Mikro Cafe«. | Tipp Das Kantouni tou Bizi endet auf einem kleinen Platz, wo das Spezialitätenlokal »Oinos kai Geuseis« kleine, ganz typische korfiotische Gerichte serviert.

58 Der königliche Palast

Wo sich Blaublütige die Klinke in die Hand gaben

Korfu war und ist ein Hotspot für Adlige, Kaiser, Könige und solche, die es werden wollten. So auch für Prinz Charles und seine Frau Camilla Parker-Bowles, die sich im Sommer gern in der Villa ihres Bankiersfreundes Baron Rothschild erholen. Zieht es Charles nach Korfu, weil sein Vater hier geboren wurde? Hat er vielleicht sogar griechische Wurzeln?

Ganz sicher nicht, denn weder Prinz Philip noch irgendeiner der griechischen Könige hatte auch nur einen Tropfen griechisches Blut in den blauen Adern. Der Duke of Edinburgh stammt genau wie sein Opa König Georg I. aus nordischen Gefilden, genauer gesagt aus dem Hause Schleswig-Holstein-Sonderburg-Glücksburg. Letztgenannter bestieg den hellenischen Thron im Jahr 1863, ein Jahr bevor Korfu und die anderen Ionischen Inseln mit Griechenland vereint wurden. Von den bisher auf der Insel regierenden Engländern erhielt der neue König ein schönes Geschenk: Sie vermachten ihm ein Schlösschen auf der Halbinsel Analipsis mit einem riesigen Park, das er auf den Namen Mon Repos (»Meine Ruhe«) taufte und in dem er fortan während der Sommermonate mit der königlichen Familie wohnte.

Georg I. regierte Griechenland 50 Jahre lang. Nach seinem Tod bestieg sein Sohn Konstantin I. den Thron. Dessen Ehefrau war eine Schwester des letzten deutschen Kaisers Wilhelm II., der auch gern gesehener Gast in Mon Repos war. Und der verliebte sich – so heißt es – durch diese Aufenthalte so sehr in die Insel, dass er etwas weiter südlich das Anwesen der österreichischen Kaiserin Sisi erwarb (eigentlich überflüssig zu erwähnen, dass auch diese mitunter für längere Zeit auf Mon Repos gelebt hat). Konstantins jüngerer Bruder Andreas war übrigens der Vater von Prinz Philip und Onkel des mittlerweile im Exil lebenden Noch-Königs von Griechenland Konstantin II. Dessen Tochter Alexia erblickte ebenfalls in Mon Repos das Licht der Welt.

Adresse Mon Repos, Kerkyra, 49100 Korfu | **ÖPNV** Blauer Bus, Linie 2, Ausstieg an der Station Mon Repos – Palaiopolis | **Anfahrt** Von Korfu Stadt kommend fährt man in Richtung Kanoni. Der Park liegt hinter der Garitsa-Bucht am Anfang der Halbinsel Analipsis. | **Öffnungszeiten** Mo, Di, Do – So 8.30 – 15.30 Uhr | **Tipp** Das Schloss beherbergt ein Museum. Zu sehen sind unter anderem Einrichtungsgegenstände der ehemaligen Bewohner sowie Informationen zu den Ausgrabungsstätten im Park.

59 Kostas Georgakis' Denkmal

Ein junger Mann opferte sich für die Freiheit

Die Demokratie ist zwar eine griechische Erfindung, im neuzeitlichen Griechenland ist sie jedoch noch nicht einmal 50 Jahre jung. Bis Mitte der 70er wurde das Land sieben schwarze Jahre von einer Militärdiktatur, der Junta, regiert. Meinungsfreiheit gab es nicht, Regimegegnern drohten Gefängnis und Folter, sodass Hunderttausende Griechen gezwungen waren, ihre Heimat zu verlassen. Die Widerstandsbewegung innerhalb Griechenlands und auch im Ausland war zunächst relativ schwach, und in den ersten Jahren sah es danach aus, als würden Einfluss und Macht der Junta mit der Zeit stärker werden.

Es war ein junger Mann aus Korfu, der die Wende einleitete: Kostas Georgakis war 1970 Student der Geologie in Genua und Mitglied einer liberal-sozialen Jugendorganisation. In einem anonymen Interview denunzierte er die Junta und deren Spione innerhalb seiner Organisation. Schnell entdeckte man seine Identität, und aus Angst um seine Familie in der Heimat entschloss er sich zu einer verzweifelten Tat. In der Nacht des 18. September schrieb er einen Brief an seinen Vater, der mit den Worten endete: »Ich kann nicht mehr nach drei Jahren Unterdrückung. Ich kann nicht anders, als als freier Mensch denken und handeln.« Anschließend fuhr er zum Gerichtsgebäude von Genua, übergoss sich dort mit Benzin und zündete sich selbst an.

Der korfiotische Student hat durch seinen Selbstmord die Öffentlichkeit aufgerüttelt und auf nationaler sowie internationaler Ebene einer Meinungsänderung den Weg bereitet. Das Militärregime herrschte noch weitere vier Jahre, in denen der Widerstand jedoch immer stärker wurde.

In der Nähe seines Elternhauses, auf einem kleinen Platz mitten in der Stadt, wurde Kostas Georgakis ein Denkmal gesetzt, unter dem seine letzten geschriebenen Worte zu lesen sind: »Ich kann nicht anders, als als freier Mensch denken und handeln.«

Adresse Evgeniou Voulgareos 66–80, Kerkyra, 49100 Korfu | ÖPNV Blauer Bus bis zur zentralen Busstation am Saroko-Platz, von hier zu Fuß | Anfahrt Der Platz liegt in der sehr belebten Einkaufsstraße zwischen dem Saroko-Platz und der Altstadt. | Tipp Oft beleben Straßenmusiker diesen Straßenabschnitt, die authentische griechische Lieder vortragen. Einige Komponisten haben sich mit der großen griechischen Sehnsucht nach Freiheit auseinandergesetzt.

60 Der Kreuzfahrthafen

Was jetzt? Masse oder Klasse?

Hat das Bild der sich in Reih und Glied anordnenden, lächelnden und augenzwinkernden Riesenschiffe in Korfus Kreuzfahrthafen bereits Nostalgie-Charakter? Im Jahr 2020 gehörten die gigantischen Ameisenstraßen gleichenden Passagierströme auf den Gangways und die in langen Schlangen wartenden Taxen und Reisebusse vor dem Terminal jedenfalls (zumindest vorläufig) in die Kategorie »von früher«.

In den Jahren davor legten jeweils mehr als 400 Kreuzfahrtschiffe auf Korfu an und brachten 700- bis 800.000 Passagiere auf die Insel. An »guten« Tagen spülten sie innerhalb der Vormittagsstunden mehr als 13.000 Menschen an Land. So richtig romantisch war das nicht mehr. Und außerhalb des Hafens war das Modell auch immer weniger lohnenswert. Denn die Schnäppchenjäger unter den Kreuzfahrern nahmen statt des Taxis den sowieso schon vollgestopften öffentlichen Bus und erkundeten Korfu auf eigene Faust. Man fotografierte ein paar alte Fassaden in der Altstadt, probierte ein Stückchen Feigenkuchen und ließ sich ein Schlückchen Kumquatlikör spendieren. Pünktlich zum Mittagessen war man wieder an Bord, denn zur Kaffeezeit oder spätestens beim Abendessen ging die Traumreise ja meistens weiter.

Trotzdem sollte 2020 ein neues Rekordjahr werden. Doch dann kam Corona und machte einen Strich durch die All-inclusive-Rechnung. Wie sollte jetzt der zwei Kilometer lange, L-förmige Pier im Hafen mit Leben und die ohnehin schon gebeutelte Kasse der Hafenbehörde mit Geld gefüllt werden? Not macht bekanntlich erfinderisch. Und so wurde überlegt und diskutiert, ob man den Platz zwischen den wenigen Kreuzfahrtschiffen nicht ein paar Mega-Yachten anbieten könnte. Die haben ja mittlerweile die Ausmaße kleiner Kreuzfahrtschiffe. Das Ionische Meer ist Lieblingsrevier mancher Eigner dieser Luxusexemplare, und so lassen sie sich nicht selten vor Korfus Küsten blicken.

Adresse Kerkyra Hafen, 49100 Korfu | **ÖPNV** Blauer und Grüner Bus, Linien 2b, 15, 16 und 17 in Richtung Norden, Ausstieg am Hafen | **Anfahrt** Von Korfu Stadt kommend fährt man am Wasser entlang in Richtung Norden. | **Tipp** Neben dem Kreuzfahrthafen legen die Tragflächenboote nach Albanien an und ab. Mit dem Personalausweis bekommt man ein Touristenvisum für einen Tagestrip nach Saranda.

61 Die Lesegesellschaft

Club der großen Dichter und Denker

Das 19. Jahrhundert: Nach 400 Jahren der Unterdrückung strampeln sich die Griechen am Festland endlich aus der osmanischen Herrschaft frei und gründen ein neues Griechenland. Auf dem damals noch britisch regierten Korfu entwickelt sich gleichzeitig eine Parallelwelt, die dem neuen Staat in vielerlei Hinsicht meilenweit voraus ist. Vor allem auch auf intellektueller Ebene.

Die Insel war schon lange als Sammelbecken für Künstler, Literaten und andere Kulturschaffende bekannt. Nicht umsonst entstanden hier neben der ersten griechischen Akademie gleich zwei »Ionische Schulen«, nämlich die für Musik und Literatur. Im Jahr 1836 gründeten 14 Intellektuelle zudem die sogenannte korfiotische Lesegesellschaft. Denker, Dichter, Künstler, aber auch Politiker und jeder, der in Korfu (und auf den anderen Ionischen Inseln) Rang und Namen hatte, wurde in diesem Club Mitglied. Ziel der Gesellschaft war, den Geist des westlichen Europas mit der ionischen und letztendlich auch der griechischen Kultur zu vereinen.

Ein Thema, das hier intensiv diskutiert wurde, war die griechische Sprachenfrage: Würde sich das künstliche und grammatisch komplexe Hochgriechisch »Katharévousa« aus der neuen Hauptstadt Athen gegen die volksnahe Sprache »Dimotiki« durchsetzen? Die Mitglieder der Lesegesellschaft waren dagegen – allen voran der berühmte Dichter Dionysios Solomos, aus dessen Feder die 158 Strophen der griechischen Nationalhymne »Hymne an die Freiheit« stammen.

Mit Recht sind die Korfioten stolz auf ihre Lesegesellschaft, die immer noch existiert. Das Gebäude, in dem sich die geistige Elite einst traf, ist in der charakteristischen korfiotischen Architektur erhalten geblieben. Innen gibt es handgeschriebene Dokumente, Fotos, alte Druckerzeugnisse, Karten, Bilder und natürlich eine große Bibliothek. Die Gesellschaft organisiert Musik-, Kunst- und Literaturveranstaltungen, Seminare und Vorträge.

Adresse Kapodistriou 120, Kerkyra, 49100 Korfu | **ÖPNV** Blauer Bus bis zur zentralen Busstation am Saroko-Platz, von hier zu Fuß | **Anfahrt** Das Gebäude befindet sich wenige Meter hinter dem linken Flügel des Königspalastes. Am besten parkt man an der Esplanade und geht zu Fuß. | **Öffnungszeiten** Mo–Sa 9.30–13.30 Uhr | **Tipp** Wer mehr über den Dichter Dionysios Solomos erfahren möchte, findet dessen Haus wenige hundert Meter weiter in Richtung Hafen. Ein kleines Museum informiert über Leben und Werk des Künstlers.

62_Die Panagia ton Tenedos

Ein Kloster mit Vorbildfunktion

Diese Kirche springt doch mal ins Auge! Mit ihrem schmucken Zwiebeldach neben dem kunstvoll verzierten Glockenturm könnte man sie eher für eine Miniaturausgabe der Kathedrale von Florenz halten als für ein griechisches Gotteshaus. Auch die lateinische Inschrift am Eingang deutet darauf hin, dass bei ihrer Erbauung keine orthodoxen, sondern katholische Gläubige am Werk waren. Genauer gesagt waren es Franziskanermönche, die im 17. Jahrhundert von ihrer Heimat Tenedos, der heute türkischen Insel Bozcaada, nach Korfu flohen. Sie brachten eine Ikone mit, der das Kloster »unserer lieben Frau von Tenedos« seinen Namen verdankte.

Als im kommenden Jahrhundert Frankreich die Herrschaft über Korfu erhielt, erfuhr das Gebäude eine interessante Umnutzung: Das Kloster wurde aufgegeben und diente fortan als Lager für mehr als 4.000 Bücher, die aus anderen Klöstern hierhergebracht wurden. Diese Bibliothek gilt als die älteste Griechenlands. Die meisten Exemplare waren natürlich noch in lateinischer oder altgriechischer Sprache, denn gedruckte Bücher auf Neugriechisch gab es damals noch nicht. Doch das sollte sich bald ändern.

Im Februar 1798 ließ der französische Kommissar aus Paris eine Druckerpresse liefern, die an dieser Stelle installiert wurde. Die ersten Dokumente, die hier gedruckt wurden, waren daher auf Französisch. Doch nur wenige Monate später druckte man erstmals auch ein griechisches Werk. Und zwar die Hymne »Thourios« des Freiheitskämpfers und Dichters Rigas Velestinlis, die auch heute noch jeden 25. März aus allen Lautsprechern ertönt, wenn das Land mit aufwendigen Paraden seiner Befreiung von den Türken gedenkt.

Wenige Jahre später sollte die Kirche noch zwei weitere Vorreiterrollen einnehmen: Im Jahr 1805 wurde hier die erste offizielle griechische Schule eröffnet und noch etwas später die Ionische Akademie, die erste griechische Universität.

Adresse Dionysios-Solomos-Straße, Kerkyra, 49100 Korfu | **ÖPNV** Blauer Bus bis zur zentralen Busstation am Saroko-Platz, von hier zu Fuß | **Anfahrt** Am besten parkt man am alten Hafen und geht durch das jüdische Viertel in Richtung der Neuen Festung. | **Öffnungszeiten** in der Regel tagsüber geschlossen, öffnet nur zu Gottesdiensten | **Tipp** Vis-à-vis der Kirche ist das Eingangstor zur neuen Festung. Zwar ist es nicht immer geöffnet, aber von dort kann man durch alte Stollen bis zum Markt gelangen.

63 Die Pinienzapfen

Altstadt-Shoppingmeile mit Stil

Die Straße Nikiforou Theotoki in der Altstadt von Korfu Stadt war früher das Nobelviertel der Korfioten. Die architektonischen Statussymbole an den Fassaden der schmucken Häuser zeugen noch heute von der Pracht vergangener Zeiten: Schmiedeeiserne Laternen schmücken die prächtigen Arkaden vor den alten Herrenhäusern, und stilvolle Reliefs verzieren deren »Piano nobile«, die Beletage im ersten Stock.

Die typisch venezianischen steinernen Köpfe, die »Murionia«, die von oben auf die Passanten hinabschauen, sollten die bösen Geister fernhalten und das Gebäude und seine gut betuchten Bewohner vor Unheil bewahren.

Immer schon war dieser breite Boulevard, der die alte Festung mit der neuen verband, das Einkaufszentrum der Korfioten. Früher wurde hier gehandelt und gefeilscht, was das Zeug hielt: Tabak, Öl, Obst, Gemüse, Fisch, Käse, Gewürze, Stoffe und alles, was die Insel sonst noch hervorbrachte, wurde angepriesen, gemessen, gewogen, verpackt und an den Mann gebracht. Kaffeehäuser, Tavernen und Barbiere mischten sich unter die Händler, und am Straßenrand warteten Laufburschen mit ihren Handkarren, um die Einkäufe zu den Herrschaften nach Hause zu liefern. Diese kräftigen jungen Männer wurden »Piniadori« genannt, abgeleitet von »Pinia«, wie dieser Platz auch heute noch genannt wird.

Ein beliebtes Dekoelement war in der venezianischen Architektur nämlich der Pinienzapfen, der im alten Venedig ein Symbol für Fruchtbarkeit und Reichtum war. Man entdeckt ihn hier an einigen Stellen noch. Aber nur dann, wenn man es schafft, den Blick von den verlockenden Schaufenstern und Vitrinen loszureißen. Wer an der Kreuzung der Straßen Agia Varvara und Filarmonikis den Kopf in den Nacken legt, findet vielleicht sogar ein eisernes Exemplar.

(Auflösung: Der eiserne Pinienzapfen hängt an einem Eisenträger über dem Eingang der Crêperie neben einer Laterne.)

Adresse Nikiforou Theotoki, Kerkyra, 49100 Korfu | ÖPNV Blauer Bus bis zur zentralen Busstation am Saroko-Platz, von hier zu Fuß | Anfahrt Von der Alten Festung kommend folgt man der breiten Gasse in Richtung der Neuen Festung. | Tipp Das Gebäude gegenüber dem Pinienzapfen hat die Piniadori noch erlebt. Es ist eins der ältesten Tabakgeschäfte Griechenlands.

64_Salty bag

Neues Leben für alte Segel

Wenn ein Segel aus seinem Leben an Bord plaudern könnte, dann hätte es sicher eine Menge zu erzählen. Es würde von fernen Ländern berichten, von anstrengenden Stürmen und langweiligen Flauten, tollpatschigen Segelschülern oder dramatischen Regatten. Der aufregende Segellebenslauf geht jedoch normalerweise spätestens nach einigen Jahren zu Ende, wenn das Tuch von Sonne, Salz und Takeln verschlissen ist oder einfach nicht mehr gut im Wind steht. Dann wird es eingelagert oder landet einfach auf dem Müll.

Die drei Gründer des korfiotischen Labels »Salty Bag« fanden das schade und beschlossen, die Biografie der robusten Tücher weiterzuschreiben. Denn das strapazierfähige und wasserabweisende Material eignet sich hervorragend für die Herstellung von Taschen und Gepäckstücken. Und so begannen die drei im Jahr 2013, ausrangierte Segel zu hochwertigen und einzigartigen Hand- oder Reisetaschen, Rucksäcken, Beuteln und Accessoires upzucyclen.

Alle Segel werden in Korfu (so umweltschonend wie möglich) gereinigt und gesichtet. Ein Designerteam entwirft passende Modelle für die jeweiligen Segelteile, die von Schneiderinnen angefertigt werden – ein jedes so einzigartig wie die Geschichte des Ausgangsstoffes. Diese wird auf einer Art Identifikationskarte mitgeliefert, auf der neben Angaben zu Alter, Herkunft, Eigner, Seemeilen und besegelten Gewässern auch eine passende Short Story zu lesen ist. Alle Produktionsschritte finden unter einem Dach statt, unter dem auch gleich der Verkaufsraum ist.

Den ökologisch bewussten Jungunternehmern liegen jedoch nicht nur Qualität und Design der neuen Produkte am Herzen, sondern vor allem auch der Gedanke, dass so ein hochwertiges Kunstmaterial wie Segeltuch nicht als Abfall aus dem Wertstoffkreislauf verschwindet. Und so sorgen sie dafür, dass das alte Segel wieder auf neue Reisen geht und ein weiteres Kapitel für seinen Lebenslauf schreiben kann.

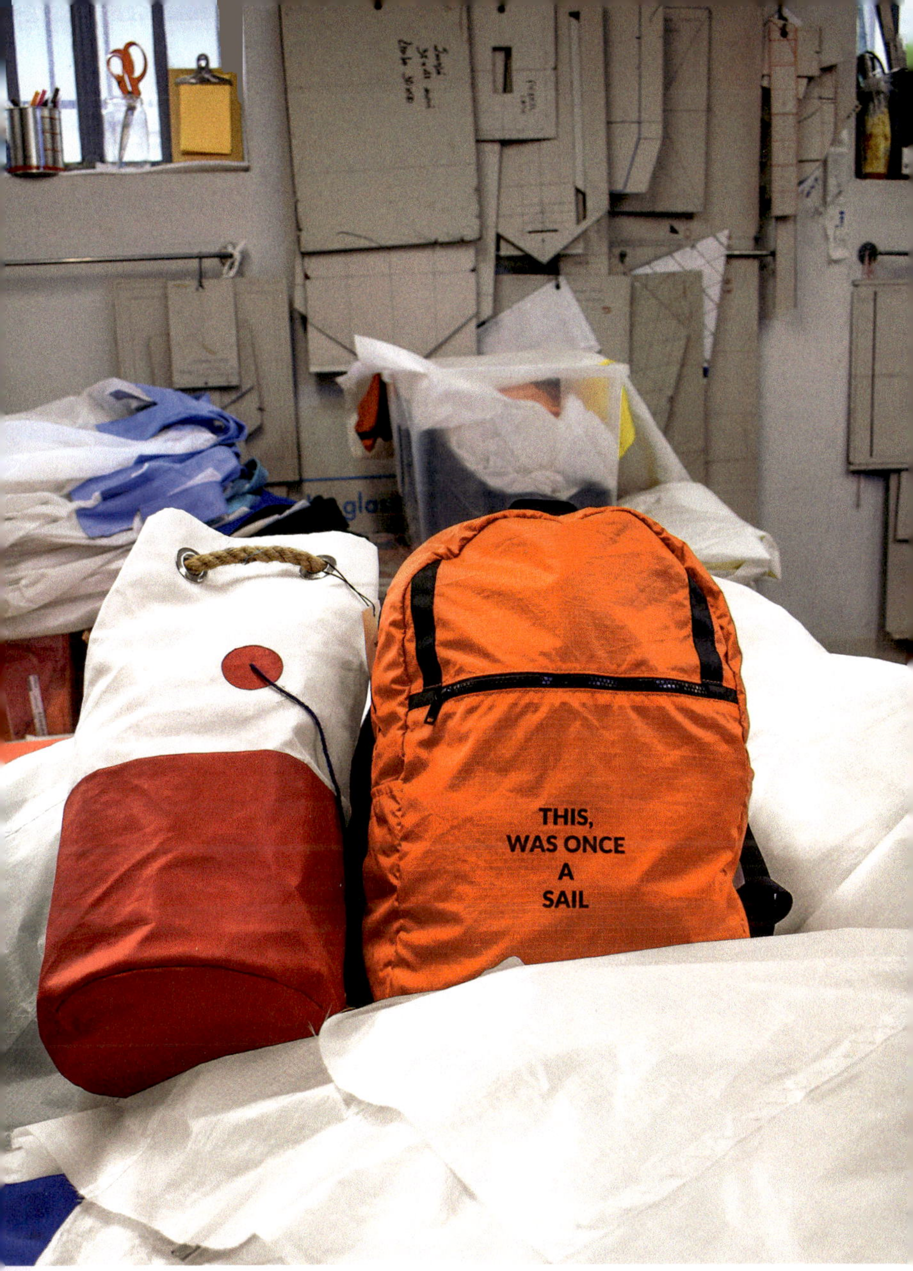

Adresse Erotoka Moraiti 14, Kerkyra, 49100 Korfu | **ÖPNV** Blauer Bus, Linien 7, 11, 14, Ausstieg an der Station Platitera | **Anfahrt** Vom Saroko-Platz fährt man die Straße Ioulias Andreadi in Richtung Platytera, von dort zweigt die Straße links ab. Das Geschäft ist am Anfang der Straße auf der rechten Seite. | **Öffnungszeiten** Mo–Fr 8.30–16 Uhr | **Tipp** Salty Bags (und noch viele andere schöne Dinge) findet man auch in der Altstadt am Rathausplatz bei »Anti-Kairoi«.

65 Das Schulenburg-Denkmal

Das Wunder oder: Wie ein Ostfriese Korfu rettete

Aufrecht und stolz steht er auf einem hohen Marmorsockel, den Blick unter seiner hohen, barocken Perücke streng auf die Alte Festung gerichtet. Dass diese Festung und Korfu nie dem osmanischen Heer zum Opfer gefallen sind, ist ihm zu verdanken. Oder war es doch ein Wunder?

Reichsgraf Matthias von der Schulenburg war Anfang des 18. Jahrhunderts so etwas wie ein Berufssoldat, der von der damals bereits schwächelnden Seemacht Venedig in den Dienst berufen wurde. Sein Auftrag: Er sollte die Festung von Korfu gegen den Angriff des türkischen Heers verteidigen. Schulenburg, der sich bereits im Großen Türkenkrieg als Stratege bewiesen hatte, war Venedigs letzte Hoffnung, Korfu und somit die Einfahrt zur Adria zu sichern.

Zur Verfügung stand ihm ein Heer aus gerade einmal 5.000 Soldaten, während die Gegenseite mit mehr als sechsmal so vielen Männern aufwartete. Wochenlang tobten die Kämpfe, aber unter dem deutschen Feldmarschall hielt Korfu sich tapfer und verhinderte den Vormarsch der Türken. Mitten im August änderte sich plötzlich das Wetter. Sturm und tagelanger starker Regen machten den Belagerern schwer zu schaffen. Der aufgeweichte Untergrund blockierte den Angriff der berittenen türkischen Soldaten, und ihre Versorgung drohte auszubleiben. Als sie dann noch die Nachricht von der Niederlage vor Wien erreichte, gaben sie auf, und Korfu ging als Sieger hervor.

Dem tapferen Feldmarschall Schulenburg wurde bereits zu Lebzeiten sein Denkmal gesetzt, und Venedigs berühmtester Komponist Antonio Vivaldi komponierte noch im gleichen Jahr ihm zu Ehren sein Oratorium Juditha triumphans.

Die Korfioten behaupten jedoch bis heute, dass das Unwetter und damit der Sieg über die Türken dem Schutzpatron der Insel, dem heiligen Spyridon, zu verdanken sei. Und seitdem wird jährlich am 11. August mit einer aufwendigen Prozession diesem Ereignis gedacht.

Adresse Alte Festung, Kerkyra, 49100 Korfu | **Anfahrt** Man fährt die Ringstraße um Korfu Stadt bis zur Esplanade, wo man parken kann. Dahinter sieht man das Denkmal am Eingang zur Alten Festung. | **Öffnungszeiten** täglich 8–20 Uhr | **Tipp** Die Alte Festung von Korfu ist sehenswert. Wer genug Puste hat, sollte bis auf den Gipfel steigen, denn von dort hat man eine schöne Sicht auf die Altstadt.

66 Der Städtische Friedhof

Meisterwerke der Grabkunst

Die meisten Friedhöfe auf Korfu sind hinter einer Kirche versteckt und eher schlicht gehalten: Auf den Gräbern sind Marmorplatten aufgelegt, darauf stehen eine Vase mit Plastikblumen, ein Kreuz und ein Grabstein mit Namen, Geburts- und Sterbedatum der Toten. Oft werden in einem Glaskasten Andenken und Fotos des oder der Verstorbenen aufbewahrt und ein »Kandili«, ein »ewiges Licht«, am Brennen gehalten. Frische Blumen und Grünflächen sind unüblich, und Grabskulpturen kannte man auf orthodoxen Totenstätten bis Mitte des 19. Jahrhunderts auch noch nicht.

Das änderte sich, nachdem 1840, noch während der britischen Besatzungszeit, der Städtische orthodoxe Friedhof im Stadtviertel Garitsa gegründet wurde. Hier wurde eine Reihe von einflussreichen und berühmten Korfioten beigesetzt, und zum ersten Mal in der Geschichte Korfus beschäftigte man sich mit der Gestaltung der Grabmäler.

Es gab zwar auf Korfu eine Steinmetz-Zunft, trotzdem wurden die ersten Grabdenkmäler direkt in Malta oder bei maltesischen Steinmetzen, die von den englischen Hochkommissaren als Gastarbeiter angeworben wurden, in Auftrag gegeben. Diese erschufen prachtvolle, einzigartige Kunstwerke auf den letzten Ruhestätten: In stilvolle Grabsteine sind persönliche Inschriften und Symbole gemeißelt, die von der Person erzählen. Marmorfiguren, Engel oder Marien-, aber auch andere ausgefallene Skulpturen wachen mit viel Liebe zum Detail über die Toten. Auf einigen Gräbern ehren auch Obelisken, Büsten und Sarkophage die Verstorbenen und zeugen von der gesellschaftlichen Zugehörigkeit der Hinterbliebenen.

Bekannte Persönlichkeiten, die auf diesem Friedhof ihre letzte Ruhe fanden, haben nicht nur hier ihre Spuren hinterlassen. Die Büsten der Dichter und Denker, Künstler, Politiker und Kaufleute sind auch an anderen Stellen in Korfu zu sehen und ihre Namen auf Straßenschildern zu lesen.

Adresse Anapafseos 10, Kerkyra, 49100 Korfu | ÖPNV Blauer Bus, Linie 5, Ausstieg am Lidl | Anfahrt Man fährt in Richtung Flughafen, lässt die Einfahrt zu diesem jedoch rechts liegen und biegt hinter dem Stadion nach rechts ab. Der Friedhof ist ganz am Ende des Weges. | Öffnungszeiten täglich 7.30–17.30 Uhr | Tipp Eindrucksvolle Grabkunst gibt es auch auf dem nicht weit von hier entfernten britischen Friedhof.

67__Die Vasiliki Skala

Abstieg zum königlichen Strandbad

General Sir Frederick Adam, der zweite Lord-Hochkommissar der Ionischen Inseln, war beim korfiotischen Volk beliebt. Einerseits, weil er mit einer Korfiotin verheiratet war, und andererseits, weil er viel für die Verbesserung der Infrastruktur auf der Insel tat. Unter anderem ließ er das erste Wasserwerk bauen (siehe Ort 19), um sauberes Trinkwasser bis ins Zentrum von Korfu leiten zu können. Dafür errichtete man ihm später die Bronzestatue inmitten des kleinen Teiches vor dem Palast der Heiligen Michael und Georg. Hinter dem imposanten Palast aus maltesischem Marmor, den ihm sein Vorgänger Lord Maitland hinterlassen hatte, ließ Adam seinerzeit einen schönen Garten mit exotischen Bäumen und Blumen anlegen.

Als die Ionischen Inseln mit Griechenland vereint wurden, ging das Gebäude samt Garten in die Hände der griechischen Königsfamilie und hieß fortan Royal Garden. Über die frei schwebende, schmiedeeiserne Wendeltreppe am Ende der Anlage, die Vasiliki Skala, konnten die Royals auf direktem Weg vom Thron ins Meer hinabsteigen. Allerdings wurde der Palast (übrigens der zweitgrößte Griechenlands) nur zu Repräsentationszwecken genutzt – sowohl die Adam-Familie als auch die des Königs bewohnten lieber das Schlösschen Mon Repos (siehe Ort 58).

Als es dann in Griechenland keinen König mehr gab, wurde der Palast anderweitig genutzt: Heute beherbergt er das einzigartige Museum für Asiatische Kunst, während der Garten jetzt Kipos tou Laou (»Volksgarten«) heißt. Er wurde mit Sitzgelegenheiten ausgerüstet und in einen kleinen Park umgewandelt, in dem Einheimische und Touristen sich vom Trubel in der Innenstadt erholen. Von hier blickt man nach rechts auf die Alte Festung und den Yachthafen. Linker Hand kann man die vom Neuen Hafen ein- und ausfahrenden Fähren beobachten. Die königliche Treppe ist allerdings nur noch als Fotomotiv für die Besucher zugänglich.

Adresse Kapodistriou 114, Kerkyra, 49100 Korfu | **ÖPNV** Blauer Bus bis zur zentralen Busstation am Saroko-Platz, von hier zu Fuß | **Anfahrt** Der Palast bildet das nördliche Ende der Esplanade. Die Vasiliki Skala liegt am Ende des Volksgartens, direkt neben dem Palast. | **Öffnungszeiten** Volksgarten: durchgehend | **Tipp** Im Seitenflügel des Palastes neben dem Volksgarten ist die städtische Pinakothek untergebracht, wo wechselnde Ausstellungen zu sehen sind.

68 Die Anthropogravas

Schöner Wohnen für Höhlenmenschen

Perfekte Lage, geräumiger Schnitt und praktische Aufteilung. Bereits in Zeiten von Aristoteles, Platon und Co. konnte man auf Korfus Wohnungsmarkt solche Schnäppchen ergattern. In der besonders wasserreichen Wohnlage oberhalb von Nymfes haben Wetter und Regen diese wunderschöne Zwei-Raum-Behausung auf zwei Etagen ausgewaschen. Dass sie schon in vorchristlicher Zeit bewohnt gewesen ist und dass vielleicht sogar darin gearbeitet wurde, belegen Münzen, Keramik und Werkzeugfunde aus dieser grauen Vorzeit.

Der Eingang zur Höhle Anthropogravas (»Menschenhöhle«) ist relativ groß, leider jedoch so steil und rutschig, dass ein Betreten nur für ausgebildete Speläologen möglich ist. Über einen sieben Meter langen, abwärts geneigten »Flur« gelangt man in die eigentliche Höhle. Hier herrscht eine angenehme Raumtemperatur von etwa 17 Grad. Insgesamt umfasst sie eine Fläche von etwa 500 Quadratmetern, ist an ihrer höchsten Stelle sechseinhalb Meter hoch und beherbergt einige der sehenswertesten Stalagmiten und Stalaktiten Griechenlands. Zwei Kammern sind räumlich voneinander getrennt und erstrecken sich über zwei Etagen. Forscher sind sich einig: Die Anthropogravas gehört zu den eindrucksvollsten Höhlen Griechenlands.

Im Laufe der Geschichte haben sich eine Reihe von Mythen und Geschichten rund um die Grotte angesammelt, die von Generation zu Generation weitererzählt werden. Unter anderem wird überliefert, dass die Höhle mehr als einmal als Zufluchtsort vor Piratenangriffen genutzt wurde. Während des Zweiten Weltkriegs sollen sich Menschen hier versteckt haben, wenn Bomben fielen oder Schüsse zu hören waren.

Heute wohnen andere Lebewesen in der »Menschenhöhle«, zum Beispiel langbeinige Insekten mit dem Namen Dolichopoda und Fledermäuse mit dem vielsagenden Namen Große Hufeisennase, die andernorts vom Aussterben bedroht sind.

Adresse Klimatia, 49081 Korfu | **ÖPNV** Grüner Bus, Linie A 17, Ausstieg an der Kirche in Klimatia, von dort circa 20 Minuten zu Fuß | **Anfahrt** Von Roda kommend fährt man durch das Dorf Platonas und zweigt einige Kilometer weiter den Schildern entsprechend ins Dorf Klimatia ab. Am oberen Ende des Dorfes folgt man den Hinweisschildern zum Kloster Agia Triada. Nach 400 Metern parkt man vor einer kleinen gelben Kirche und geht zu Fuß weiter: 50 Meter dahinter gabelt sich der Weg, man folgt dem gepflasterten Fußweg, der in weniger als 100 Metern zur Höhle führt. | **Tipp** Das Kloster Agia Triada oberhalb der Höhle hat zwar keine festen Besuchszeiten, aber in etwa 50 Metern Entfernung steht ein Holzkreuz, von dem aus sich ein grandioses Panorama auf Korfus Nordküste bietet.

69__Der hohe Turm

Hochmut kam auch hier vor dem Fall

Ist der groß! Unübersehbar, direkt im Zentrum von Kompitsi, ragt der gemauerte Glockenturm neben der Kirche der Heiligen Apostel gen Himmel. In Relation zum Gotteshaus und zum gesamten Dorf ist er unverhältnismäßig hoch und wirkt fast schon aufdringlich. Sein Erbauer war der letzte Nachfahre der Familie Cobici, nach denen das Dorf benannt ist und deren Anwesen sich den gesamten Hang hinter der Kirche hinabzog.

Die Cobicis kamen Ende des 17. Jahrhunderts aus Kreta nach Korfu, handelten mit korfiotischem Öl und wurden entsprechend vermögend. Allerdings wurde ihr Name nicht ins Libro D'Oro, ins Goldene Buch von Kerkyra, eingetragen, und somit hatten Sior und Siora Cobici keinen Zugang zur adligen Klasse der Stadt. Sie scheinen sich auch beim Volk nicht besonders beliebt gemacht zu haben: Skandalgeschichten ranken sich um ihren Namen, die von Tötungsdelikten, sexuellem Missbrauch von Bediensteten, skrupellosen Kreditgeschäften und anderen Missetaten handeln.

Trotzdem oder gerade deshalb hatte der Letzte der Cobicis etwas ganz Besonderes im Sinn: »Sein« Glockenturm sollte der höchste der ganzen Insel sein, höher noch als der Turm der wichtigsten Kirche in Kerkyra, nämlich der des heiligen Spyridon. Doch kaum war das Werk vollbracht, starb sein einziger Sohn und damit auch sein Familienname. Für die Korfioten stand fest, dass der Tod des Sohnes die Strafe des heiligen Spyridon für die Überheblichkeit des Vaters war. Es heißt, dass dieser daraufhin sein ganzes Anwesen samt der Kirche in Brand gesetzt haben soll.

Der besondere Stolz von Kompitsi liegt jedoch einige wenige Fußminuten unterhalb der Kirche: Über einen vor Jahrhunderten befestigten Fußweg erreicht man die venezianische, im barocken Stil gebaute und kunstvoll verzierte Brunnenanlage. Hier, inmitten üppigster Vegetation, finden von Zeit zu Zeit kulturelle Veranstaltungen statt.

Adresse Kompitsi, 49100 Korfu | ÖPNV Blauer Bus, Linie 14, Ausstieg an der Paltia von Kompitsi | Anfahrt Auf der Landstraße von Kerkyra nach Pelekas fährt man durch Alepou. Der Abzweig nach Kompitsi ist ausgeschildert. | Tipp Ganz in der Nähe der Kirche serviert das Restaurant »Brousko« hervorragende korfiotische Gerichte.

70 Die weiße Villa

Die Gute, die Haremsdame

Kouloura bedeutet »Kringel«, und von oben betrachtet wird schnell klar, wie diese Bucht zu ihrem Namen kam. Die Szenerie ist wie aus dem Fotokalender: ein kreisrundes Hafenbecken mit bunten Fischerbötchen, eingerahmt von saftig-grün bewachsenen Hügeln. In der einzigen Taverne trinken Fischer nach getaner Arbeit ihren Ouzo, und man meint den frisch gegrillten Fisch bis oben riechen zu können.

Neben der Taverne versteckt sich hinter schweren Eisentoren die prächtige weiße Villa der Familie Nasi. Umberta Nasi, Enkelin von Fiat-Boss Giovanni Agnelli, hatte sie 1988 einer Politikerfamilie abgekauft und renoviert. Doch der Ursprung des Anwesens reicht bis ins Mittelalter zurück, als hier die Adelsfamilie Quartano wohnte und das Gebäude eine Art Festung war. Denn wie alle Küstenorte war auch diese Bucht häufiges und begehrtes Ziel von Piratenangriffen.

1537 war ein besonders schlimmes Jahr. Es heißt, über 20.000 Korfioten seien von dem gefürchteten Piraten Hayerdin Barbarossa entführt und in die Sklaverei verkauft worden. Auch die minderjährige Tochter der Quartanos, deren Name Kali (»die Gute«) bereits verheißt, dass sie besonders lieb, klug, hübsch und edel gewesen sein soll, geriet in die Hände der grausamen Piraten. Wie viele gefangene Mädchen kam sie in den Harem des damaligen Prinzen Selim und wurde dank ihrer oben genannten Eigenschaften bald seine Lieblingsfrau. Der Prinz wurde später Sultan Selim II., und aus Kali wurde Sultana Nûr-Banû. 1546 kam der gemeinsame Sohn und Thronfolger Murad zur Welt. Nachdem der seine fünf Brüder ermorden ließ und Sultan Murad III. wurde, gewann seine Mutter weiter an Einfluss.

Auch Murads III. Lieblingsfrau Safiye war eine geraubte Korfiotin aus einer Adelsfamilie. Es heißt, unter seiner Regierung begann das Osmanische Reich innerlich zu zerfallen. Und auch dass die Damen des Harems daran nicht ganz unschuldig gewesen sein sollen.

Adresse Kouloura, 49083 Korfu | ÖPNV Grüner Bus, Linien A 4 und A 12, Ausstieg an der Abzweigung nach Kouloura/Kalami, von dort circa 15 Minuten zu Fuß | Anfahrt Von der Ostküstenstraße in Richtung Kassiopi folgt man den Schildern nach Kalami. Die Bucht Kouloura ist direkt angrenzend. | Tipp Der naturbelassene Nachbarstrand Chouchoulio mit seinen schattigen Eukalyptusbäumen ist nicht nur der ideale Platz für ein Bad im Meer, sondern auch, um die Kouloura-Bucht zu fotografieren.

71 Das Angelokastro

Westlichster Außenposten von Byzanz

Zu einer Zeit, in der die sogenannte Alte Festung von Korfu Stadt noch ein ungeordneter Felshaufen war, existierten auf Korfu bereits drei mächtige Befestigungsanlagen: eine im Nordosten, eine im Süden und diese hier. An exponierter Stelle auf den nordwestlichen Steilklippen erbaut, war das Angelokastro, die »Engelsburg«, nicht nur die westlichste Bastion Korfus, sondern auch des gesamten Byzantinischen Reichs und somit jahrhundertelang Zankapfel zwischen Ost und West.

Im Jahr 1214 eroberte ein gewisser Michael I. Komnenos Dukas Angelos, Despot von Epirus, die Insel Korfu. Dessen Sohn verstärkte die damals bereits vorhandene Burg, und zwar mit den Steinen des alten Forts von Paleokastritsa (das damals Paleokastro hieß und an dessen Stelle heute ein Kloster steht, siehe Ort 90) und taufte sie Angelokastro. Im 14. Jahrhundert, als Korfu unter dem sizilianischen König Karl I. von Anjou zu leiden hatte, hieß sie Castrum Sancti Angeli und später, als die Venezianer die Herrschaft wiedererlangten, Santangelo.

Jetzt erlebte die Anlage einen regelrechten Boom: Von 1387 bis Ende des 16. Jahrhunderts war hier nämlich die Hauptstadt der Insel und auch der Sitz der Gemeindeverwaltung. Das Angelokastro war eine der wichtigsten Befestigungsanlagen Griechenlands und spielte eine wesentliche Rolle bei der Verteidigung gegen die zahlreichen Angriffe im Mittelalter. Es heißt, sie sei nie erobert worden, weder durch Piraten noch durch die Türken. Selbst heute wäre es praktisch unmöglich, die Bastion vom Wasser aus einzunehmen, denn sie fällt zu drei Seiten hin steil ab und hat einen phantastischen Weitblick.

Im 17. Jahrhundert trat das Angelokastro seine Stellung an die beiden Festungen in Korfu Stadt ab, und mit der Zeit wurde es verlassen. Unter der englischen Herrschaft verlor sie komplett an Bedeutung und war im 19. Jahrhundert bereits eine Ruinenstadt.

Adresse Krini, 49083 Korfu | **ÖPNV** Grüner Bus, Linie A16, Ausstieg in Krini, von dort circa 20 Minuten zu Fuß | **Anfahrt** Von Korfu Stadt kommend fährt man zunächst Richtung Paleokastritsa, dann über Lakones nach Makrades und Krini. Von dort aus folgt man der Beschilderung. | **Öffnungszeiten** täglich 8–21 Uhr | **Tipp** Nach dem Besuch der Festung kann man in einem der drei umliegenden Dörfer Krini, Makrades oder Lakones bummeln. Es gibt lokale Produkte, mittelalterliches Flair und tolle Aussichtsterrassen.

72_Bella Vista

Schöner Blick auf die Heimat des Schlagerstars

Selbst für erfahrene Reisebusfahrer ist das Dorf Lakones eine Herausforderung. Fahrer aus anderen Teilen Griechenlands oder gar aus dem Ausland sollten die Durchfahrt besser meiden. Die Breite der Hauptdorfstraße wurde ihrerzeit so bemessen, dass sich gerade mal zwei Esel aneinander vorbeischieben konnten. Ohne Packtaschen. Nichtsdestotrotz gehört das Gässchen zu den am meisten frequentierten Strecken für Busausflüge auf Korfu. Zu diesem Zweck wurden Häuser beschnitten und eine Ampelanlage installiert, die den Verkehrstross im Sieben-Minuten-Takt mal in die eine, mal in die andere Richtung durchschleust.

All die Busse steuern einen bestimmten Parkplatz am Ortsende des Dorfes an. Die Aussichtsstelle gegenüber hat ihren Namen »Bella Vista« aber wirklich verdient: Von hier blickt man wie von einem Balkon auf die malerische Formation aus Landzungen und Buchten von Paleokastritsa.

Irgendwo da unten hat auch die kleine Vassiliki Papathanasiou das Licht der Welt erblickt. Das war im Jahr 1952 oder 1949, da ist sich die Klatschpresse nicht so ganz einig – ist aber auch egal, wenn man in den nächsten ungefähr 70 Jahren eine so beeindruckende Musikkarriere hinlegt wie diese kleine Korfiotin. Ihr Papa Leandros Papathanasiou war ein bekannter griechischer Schlagersänger, den es nach Deutschland zog. (Vorher machte er Station auf der »Insel der Musik«, wo seine Tochter mehr oder weniger zufällig geboren wurde.) Dort nannte er sich Leo Leandros und bekam tatsächlich einen Plattenvertrag. Sein Name war schon in der deutschen Schlagerszene bekannt, als noch keiner von seiner Tochter Vicky gehört hatte.

Die wuchs wie so viele Gastarbeiterkinder zunächst bei Oma und Opa in der Heimat auf und kam erst 1960 nach Deutschland. Wenige Jahre später nahm auch Vicky Leandros ihre erste Schallplatte auf und ihre sagenhaft erfolgreiche Karriere ihren Lauf.

Adresse Lakones, 49083 Korfu | **ÖPNV** Grüner Bus, Linie A 16, Ausstieg in Lakones | **Anfahrt** Von Korfu Stadt kommend fährt man zunächst Richtung Paleokastritsa, dann folgt man rechts den Schildern nach Lakones. | **Tipp** Ein Schlenker durch die kleinen engen Gassen von Lakones lohnt sich: Überall lauern hübsche Fotomotive, es gibt mehrere Cafés und ein kleines Museum. Eis aus eigener Herstellung hat das Aussichtscafé »Dolce«.

73_Die Alykes

Produktionsstätten fürs »weiße Gold«

Stünden nicht hier und da verlassene kleine Speicherhäuser in der weiten Landschaft, so könnte man meinen, diese flache Halbinsel sei vom kosmopolitischen Lefkimmi einfach vergessen worden. So weit das Auge reicht (und es reicht bei klarem Wetter bis zum epirotischen Festland), blickt man über einen trockengelegten und dann verlassenen, aber irgendwie ordentlichen Sumpf. Kaum zu glauben, dass in diesen Salinen noch vor wenigen Jahrzehnten richtig viel los war.

Um die 160 Salzsieder arbeiteten in den 80 Salzgärten mehr oder weniger im Auftrag Venedigs, um das Meerwasser Schritt für Schritt verdunsten und das damals sehr kostbare Natriumchlorid auskristallisieren zu lassen. Im Jahr 1583 produzierte man hier 46.000 moggio Salz, das entspricht einem Volumen von 7.700 Kubikmetern und einem Gewicht von 5.800 Tonnen. Das Salz wurde zu den albanischen und dalmatinischen Kolonien Venedigs und von dort auf die balkanische Halbinsel verfrachtet. Denn das »weiße Gold« war eins der wichtigsten Handelsprodukte im Mittelalter und, wie es heißt, ausschlaggebend für den wirtschaftlichen Wohlstand der Markusrepublik. Deren »ordo salis« (die sogenannte Salzordnung) regelte Angebot und Nachfrage nicht nur im Mittelmeerraum, sondern auch auf dem Balkan.

Heute gehören die erst 1988 verlassenen Salinen zu den wichtigsten Naturschutzgebieten der Insel. Bei der Salzgewinnung entstehen nämlich mit Hilfe von Mikroorganismen spezielle salzhaltige Ökosysteme, die für die Erhaltung und Biodiversität des Vogelbestands auf der Erde wichtig sind. Die flachen Meerwasserbecken vor Lefkimmi und ihre leckeren salzigen Schlickflächen locken mehr als 180 verschiedene Vogelarten an.

Die schön restaurierte steinerne Lagerhalle ist in ein Lehrzentrum umgewandelt worden, in dem Schulklassen mit Käschern und Mikroskopen experimentell in die Welt des Meeres und des Salzes eintauchen können.

Adresse Molos, Lefkimmi, 49080 Korfu | ÖPNV Grüner Bus, Linie B 1, Ausstieg in Lefkimmi Zentrum, von dort circa 40 Minuten zu Fuß | Anfahrt Aus Lefkimmi heraus fährt man am »Attika Hotel« vorbei und folgt den Schildern in Richtung Alykes / Molos. | Öffnungszeiten keine festen Öffnungszeiten, Kontakt Umweltbildungszentrum: https://sites.google.com/site/eeccgr, Tel. 0030/26620/25236, E-Mail: kpe.kerkyras@gmail.com | Tipp Am Strand Molos neben Alykes legen im Morgengrauen die Fischer mit ihren traditionellen Fischkuttern, den »Kaikis«, an und verladen den Fang. Hier hat man Gelegenheit, sich mit frischem Fisch einzudecken.

74 Die heilige Baumhöhle

Vom Leben und Wirken der Asketin

Als Anastasia Vlachou zum ersten Mal die Stimme der Muttergottes hörte, war sie gerade zehn Jahre alt und ging an einem verfallenen Kloster spazieren. Die Stimme gebot ihr, sich um das alte Kloster zu kümmern, das während der Pestepidemie niedergebrannt worden war. Das kleine Mädchen vergaß den Ruf nicht und entschloss sich früh zu einem Leben als Nonne.

Mit Mitte 20 fing sie an, den göttlichen Befehl in die Tat umzusetzen. Sie befreite den zugewucherten Klosterhof von Unkraut, reinigte den zugeschütteten Brunnen und begann, die Kirche und die Nebengebäude wieder instand zu setzen. In der ersten Zeit schlief sie im Freien, später in einer bescheidenen Zelle, auf zwei Brettern als Ruhestätte und einem Stein als Kopfkissen.

Als man im Dorf begriff, dass das Kloster »Panagia Kyras ton Angelon« wieder aufgebaut wurde, waren nicht alle begeistert. Denn der Platz war als Gemeindefriedhof vorgesehen, was dem Ort finanzielle Einträge gesichert hätte. Mehr als einmal wurde Anastasia aus ihrem Kloster vertrieben. Über große Zeiträume hinweg lebte und betete die Asketin dann in einem hohlen Olivenbaum im Garten des Klosters, der, wie es heißt, durch ihre Gebete hell erleuchtet war.

Überhaupt war Anastasia für ihre Wundertaten und Weissagungen bekannt. Aus Korfu und vom Festland kamen Gläubige, um sie in geistigen, aber auch in praktischen Angelegenheiten zu befragen. Oft genug bewahrheiteten sich Anastasias Vorhersagen zu gesundheitlichen, finanziellen und zwischenmenschlichen Themen, und so wurden ihr Name und ihr Kloster, dem am Ende sieben Schwestern angehörten, über die Grenzen hinaus bekannt. Ihr ganzes Leben lang übte die Oberin Askese, aß und trank gerade einmal so viel, dass sie die harte Arbeit überleben konnte.

Anastasia starb 1979 im Alter von 69 Jahren, ohne sich jemals ausgeschlafen oder satt gegessen oder ärztliche Betreuung in Anspruch genommen zu haben.

Adresse Kloster Panagia Kyras ton Angelon, Lefkimmi, 49080 Korfu | **ÖPNV** Grüner Bus, Linie B 1, Ausstieg in Lefkimmi, Station Agii Theodori, von dort circa 15 Minuten zu Fuß | **Anfahrt** Das Kloster ist etwa einen Kilometer außerhalb des Zentrums von Lefkimmi. Man fährt in Richtung Molos und achtet auf die Beschilderung. | **Tipp** Etwa einen Kilometer entfernt steht die Kirche des heiligen Arsenios mit ihren zwei Türmen. Sie hat eine beeindruckende Ikonostase und beherbergt Reliquien des gleichnamigen Heiligen.

75_Der Potami

Das untouristische Städtchen am Fluss

Ist es noch ein großes Dorf oder bereits eine kleine Stadt? Lefkimmi macht im Vergleich zu den anderen Ortschaften Südkorfus jedenfalls einen deutlich urbaneren Eindruck: Die Häuser sind höher, die Plätze und Gassen breiter, und auch die Kirchen wirken ziemlich imposant. Es gibt eine Art Zentrum mit zahlreichen Geschäften, in denen man alles Mögliche findet – außer Souvenirs und anderen touristischen Artikeln. Überhaupt verirren sich seltsamerweise nur wenige Urlauber hierher. Wer ein Hotel sucht, rennt nicht gerade offene Türen ein. Dafür bekommen die Besucher einen relativ unverfälschten Eindruck vom Alltag der Lefkimmioten.

Was heute Lefkimmi heißt, ist eigentlich der Zusammenschluss von fünf benachbarten Dörfern, die zusammen etwa 3.000 Einwohner zählen. Eine dieser Ortschaften heißt Potami, das griechische Wort für Fluss.

Der Namensgeber des Ortes entspringt wenige Kilometer oberhalb und mündet bei Bouka schon wieder ins Meer. Er ist eigentlich auch eher ein Kanal und so kurz, dass er keinen anderen Namen bekommen hat als eben Potami. Dabei war er, bevor Lefkimmi durch eine Straße an den Rest der Insel angeschlossen wurde, die wichtigste Verkehrsader der Gegend. Denn so ziemlich alles, was in Südkorfu produziert wurde, wurde über ihn ins Meer und von dort nach Korfu Stadt oder ans gegenüberliegende Festland verschifft. Und das war eine ganze Menge: Salz aus den Salinen, jede Menge Wein, Obst, Gemüse und natürlich Öl.

Heutzutage hat der Fluss einen gemütlichen Charakter. Im Zentrum des Ortes verbindet eine Brücke das linke mit dem rechten Ufer. An den Kaimauern sind Fischerbötchen festgemacht, und darüber gibt es ein paar Cafés und Restaurants, wo sich viele Einheimische und wenige Touristen einen Ouzo, einen Kaffee oder ein Fischgericht schmecken lassen. Entlang des schnurgeraden Ufers führt ein eineinhalb Kilometer langer Weg zum Meer.

Adresse Lefkimmi, 49080 Korfu | **ÖPNV** Grüner Bus, Linie B 1, Ausstieg in Lefkimmi, Station Potami | **Anfahrt** Im Ort Lefkimmi folgt man der Hauptstraße. Die Brücke über den Fluss kreuzt diese. | **Tipp** Etwas nördlich von Lefkimmi ist der zweite Fährhafen Korfus, von dem aus täglich mehrere Fähren ans griechische Festland fahren.

76__Das Weingut Pontiglio

Der eigenwillige Wein der Phäaken

Die Gastfreundschaft und der Wein der Phäaken – davon sang der antike Dichter Homer in seiner Odyssee in höchsten Tönen. Im Altertum galt die Insel Scheria (wie Korfu in der griechischen Mythologie heißt) als hervorragendes Weinbaugebiet. Die Sorte, die König Alkynoos mit Odysseus vor 2.500 Jahren verköstigte, die wächst heute noch auf Korfu – nicht zuletzt dank eines eigenwilligen Weinbauern, der den Modeerscheinungen der letzten Jahrzehnte trotzte und seinen Lebenstraum verwirklichte.

Bis ins letzte Jahrhundert wurde korfiotischer Wein noch in großem Maßstab exportiert. Doch mit Einzug des Tourismus und der »leichteren« Lebensweise wurden die Kellereien von Opa und Oma plötzlich unwichtig. Dankbar wurden von vielen Bauern sogar Rodungsprämien angenommen, die die EU in den 80er Jahren für das Herausreißen der uralten Weinstöcke (angeblich gab es einen Weinüberschuss im EWG-Raum) auszahlte.

Eine Schande, dachte sich der Lehrer Babis Kouris, der als Kind zwischen den Reben seines Opas aufgewachsen war. Er trotzte den Verlockungen der EU und der Spöttelei seiner Nachbarn, und statt zu roden, hegte und pflegte er weiter seine korfiotischen Kakotrigis-Rebstöcke. Der Name bedeutet »schlecht zu Lesender« und ist bei der Ernte Programm. Um diese eigenwilligen Trauben in einen vollmundigen goldgelben Weißwein zu verwandeln, sind besondere Techniken gefragt, die Babis quasi in die Wiege gelegt bekam. Was darüber hinaus nötig war, las er sich an und setzte sein Wissen schließlich in die Praxis um.

Vor einigen Jahren hängte Babis seinen Lehrerberuf an den Nagel und kümmert sich seitdem mit seiner Frau Athina mit viel Liebe um die mittlerweile zwölf Weingärten. Auf ihrem kleinen Gut erklären die beiden ihren Gästen bei einem Glas Wein und einem Snack gern Einzelheiten zu dieser speziellen Sorte. Der Name des Produkts mit dem samtigen Abgang: Pontiglio – der Eigenwillige.

Adresse Neochori, Lefkimmi, 49080 Korfu | **ÖPNV** Linie B 1, Ausstieg in Lefkimmi, Station Ruvela, von dort circa 20 Minuten zu Fuß | **Anfahrt** Auf der Hauptstraße durch Lefkimmi fährt man an den großen Supermärkten vorbei in Richtung Kavos und folgt rechts der Ausschilderung nach Neochori. Einige hundert Meter weiter biegt man in die erste kleine Straße nach links ab. Das Gut liegt auf der rechten Seite. | **Öffnungszeiten** richten sich nach Jahreszeit und Arbeitsvolumen, Tel. 0030/26620/22866, https://pontiglio.gr | **Tipp** Eine halbe Stunde zu Fuß braucht man durchs Hinterland zum kleinen, verlassenen Kloster Panagia Pantanossa.

77_Die Paradiesstrände

Der eigenen Schönheit zum Opfer gefallen

Welcher Strand der schönste der Insel ist? An dieser Frage scheiden sich wohl die Geister der Korfufans. Ist ja auch keine ganz leichte Frage bei einer über 200 Kilometer langen Küste. Trotzdem haben sich einige kleine Buchten auf Korfu einen Namen als sogenannte »Paradiesstrände« gemacht. Kristallklares türkisfarbenes Wasser vor sonnengebleichten Kieseln. Goldener Sand unter steilen Klippen. Keine Straße, kein Hotel, nicht mal eine Bude in der Nähe, sodass man sich (angeblich) ganz allein inmitten der unberührten Natur wie »Adam und Eva« unter dem nicht vorhandenen Baum rekeln kann. (Bitte beachten: FKK ist auf Korfu nach wie vor ein No-Go!) Seit es Google Maps und GPS auf dem Smartphone gibt, sind die Paradiese jedoch ihrer eigenen Schönheit zum Opfer gefallen.

Die größte Dichte an Paradiesstränden findet man unterhalb von Liapades an der zerklüfteten Westküste, vis-à-vis der »Traumbucht« Paleokastritsa (die eigentlich aus fünf Buchten besteht). Dort haben Bootsvermietungen im Sommer Hochkonjunktur, denn die meisten der paradiesischen Badebuchten können nur über den Seeweg erreicht werden. Buchtenhopping gehört zu den beliebtesten Aktivitäten an diesem Küstenabschnitt. Für diejenigen, die Spaß am Klettern und Wandern haben, sind ein paar Strände aber auch vom Land aus zugänglich.

So wie der Strand Rovinia, der lange Zeit als »Secret Beach« der Bootstaxen galt. Mittlerweile gibt es allerdings kostenlose und Bezahlparkplätze in relativer Nähe, und ein Kantinenboot stellt die Versorgung mit Getränken sicher. Im Hochsommer herrscht hier trotz der vielen Wespen Hochkonjunktur.

Noch nicht ganz so überlaufen ist die Doppelbucht Limni, die schon allein mit ihrer Morphologie punktet. Wie bei der berühmten Zwillingsbucht (siehe Ort 1) handelt es sich um zwei Buchten, die von einem schmalen, kiesigen Landstreifen getrennt werden. Leider ist aber auch hier das Paradies bereits in Gefahr!

Adresse Liapades, 49083 Korfu | **ÖPNV** Linie A 10 nach Liapades, von dort noch etwa eine halbe Stunde zu Fuß zur Traumbucht Rovinia | **Anfahrt** Das Dorf Liapades liegt am Anfang der Straße, die die Ropa-Ebene durchquert. Vor dem Dorfzentrum fährt man in Richtung Liapades Strand, bei Athenas Supermarkt biegt man links ab. Auf dieser Straße liegen die Abzweigungen nach Rovinia und Limni. | **Tipp** Auch ohne Strände ist Liapades einen Besuch wert. Der Ort hat noch einen sehr traditionellen Dorfkern, und am oberen Ende beginnt ein schönes Wandergebiet.

78_Der Binnensee

Flamingos in freier Natur

Die fünf Kilometer lange Korission-Lagune im Süden von Korfu ist für Naturliebhaber und vor allem für Vogelkundler ein spannendes Ausflugsziel. Sie ist das größte Feuchtgebiet der Insel und aufgrund ihrer relativen Nähe zum Festland für Zugvögel äußerst attraktiv. Viele machen auf dem See nur einen kurzen Zwischenstopp, doch einige bleiben auch für begrenzte Zeit, um zu brüten. 123 verschiedene Vögel wurden hier bereits gezählt, unter anderem Pfeifenten, Möwen, Kormorane, Silberreiher, Eisvögel und die ganz besondere Attraktion in der Gegend: Jahr für Jahr machen auch große Flamingo-Kolonien hier Station.

So knallig pink wie ihre aufblasbaren Gummi-Kollegen sind die Flamingos auf Korfu allerdings nicht. Junge Flamingos haben sowieso einen grauen Flaum, der sich erst im reiferen Alter rosa färbt. Und das auch nur, wenn sie genügend karotinhaltige Nahrung, zum Beispiel rote Krebse (oder wie es im Zoo gehandhabt wird: Karottensaft), zu sich nehmen. Das Pigment wird im Federkleid abgelagert und hält sich bis zur nächsten Mauser.

Warum die großen Vögel im Wasser oft nur auf einem Bein stehen, war lange ein Rätsel. Biologen vertreten die Theorie, dass dies mit ihrem Wärmehaushalt zu tun hat: Da über zwei im Feuchten stakende Beine mehr Wärme vom Körper abgeleitet wird als nur von einem, ziehen Flamingos ein Bein an den Körper.

Auch für Botaniker gibt es rings um die Lagune einiges zu entdecken, denn die verschiedenen Ökosysteme an Land und im Wasser bieten Lebensraum für allerlei Natur-Raritäten: So findet man beispielsweise Tamarisken, weiße Lilien und 14 verschiedene Orchideenarten rund um den Binnensee. Und der Lagunenstrand ist griechenlandweit der einzige Ort, an dem das Strand-Kreuzblatt (*Crucianella maritima*) gesichtet wurde. Nicht ohne Grund also wurde der See in das europäische Naturschutzprogramm »Natura 2000« integriert.

Adresse Limni Korossion, 49080 Korfu | Anfahrt Hinter Agios Matthäos zweigt man an der Kreuzung in Richtung Halikounas ab. Die Flamingos stehen allerdings nicht immer an der gleichen Stelle. | Tipp Der beste Platz, um die Lagune und ihr Umland in aller Ruhe zu genießen, ist die Bio-Farm »Bioporos« von Kostas und Agathi. Hier werden aus selbst angebauten Produkten traditionelle korfiotische Speisen zubereitet. Neben dem Restaurant- und Cafébetrieb werden auch Seminare zum Thema Kochen, Kosmetikherstellung und Kräuter angeboten.

79 Die große Ebene

Roma im Tal der Ropa

Das Ropa-Tal ist die größte Ebene Korfus. Einst war hier ein sumpfiges Feuchtgebiet – nichts als Schilf, Gräser und Moskitos. Im 18. Jahrhundert wurde es trockengelegt und in fruchtbaren Boden verwandelt. Doch von seiner landwirtschaftlichen Nutzung ist heutzutage nicht mehr viel übrig. Touristisch ist das Gebiet auch nur spärlich erschlossen, es gibt einen 18-Loch-Golfplatz in der Nähe von Ermones und eine Reitanlage.

Eine lange, breite Straße zieht sich schnurgerade durch die schattenlose Ebene. Im Westen hinter den mittelalterlichen, aber noch sehr lebendigen Dörfern Marmaro, Kanakades und Giannades erstreckt sich ein Gebirgszug, der steil ins Meer hinab abfällt. Östlich der Ebene erhebt sich ebenfalls ein Berg, der als »Deponie Temploni« des Öfteren sogar in der ausländischen Presse für Schlagzeilen sorgt. Der chronisch überfüllte und unzureichend gesicherte Müllberg ist wohl Korfus größtes Problem, für das der griechische Staat seit Jahren Strafen in Millionenhöhe zahlt. Abfall scheint hier sowieso ein Thema zu sein, das je weiter man gen Süden fährt, immer augenscheinlicher wird.

Im hinteren Teil der Ropa-Ebene befindet sich eine Roma-Siedlung, deren Bewohner einen zwar mitunter illegalen, aber nicht unerheblichen Beitrag zur Bewältigung des Abfallproblems leisten. Die Tsiggani, wie sie früher auf Korfu genannt wurden, sind bereits seit dem 14. Jahrhundert auf Korfu fest ansässig. Damals führte die venezianische Regierung ein Lehnswesen, das sogenannte »Feudum Acinganorum«, ein, mit dem sie den Roma Anreiz schuf, sich dauerhaft niederzulassen. Im Mittelalter waren die korfiotischen Roma noch hauptsächlich Handwerker, die ihrem Lehnsherrn zuarbeiteten.

Die heutigen Bewohner der Roma-Siedlung auf Korfu beschäftigen sich mit dem Recyceln von Schrott und Metall oder fahren als fliegende Händler durch die Gegend und verkaufen Obst, Gemüse und Saisonwaren.

Adresse Ropa-Ebene, 49100 Korfu | Anfahrt Auf der Pelekas-Nationalstraße fährt man stadtauswärts am »Aqualand« vorbei. Durch den Kreisverkehr gelangt man auf die Straße, die die Ebene durchquert. | Tipp Wer mit dem Nachwuchs unterwegs ist, verbindet die Fahrt durch die Ropa-Ebene mit einem Besuch im Wasserpark »Aqualand«. Nach 15 Uhr ist der Eintritt hier günstiger.

80__Die Große Grotte

Höhlenforschen leicht gemacht

Mit dem Auto vorfahren kann man zwar nicht direkt, aber wer »mal eben« eine Höhle besichtigen möchte, ohne vorher stundenlang in den Bergen herumzukraxeln, der ist hier genau richtig. Die Megali Grava, zu Deutsch die »Große Grotte«, ist (für Höhlenverhältnisse) relativ zugänglich. Und außerdem mächtig beeindruckend, denn ihren Namen hat sie ja nicht von ungefähr.

Imposant sind bereits die senkrechten Felswände, die vor dem Auge des Betrachters aufragen, sobald der von dem kleinen Parkplatz aus einige Meter dem Wiesenpfad folgt. Er führt bald steil bergab (bei Nässe ist er rutschig, also bitte nicht mit Flip-Flops hinuntergehen!), bis am Fuß der Schlucht der Eingang zur Höhle wie ein riesiges Loch in der Wand aufklafft. Unten angekommen, fühlt man sich ein bisschen verloren, so als hätte die Erde einen verschluckt. Und dann die Geräuschkulisse: Von überallher tropft und echot es. Dazu kommt das Geschrei wilder Tauben und Krähen, die in den Felswänden nisten und über den Köpfen der Besucher hin und her fliegen. Die üppige Pflanzenwelt, die sich in der feuchten Luft entwickelt hat, gibt dieser verwunschenen Atmosphäre ihren letzten Schliff.

Auch von innen wirkt die Höhle geheimnisvoll, fast gespenstig. Ihr Boden ist fast eben, an der Decke, von der es unaufhörlich tropft, haben sich dagegen dunkelgraue, felsenartige Wülste und Falten und Stalaktiten gebildet. 100 mal 40 Meter misst das Höhleninnere, und Archäologen gehen davon aus, dass hier bereits in prähistorischer Zeit Menschen gelebt haben.

Es existieren Gerüchte, dass die Megali Grava und die etwas weiter unterhalb gelegene Mikri Grava (zu Deutsch »Kleine Grotte«, obwohl sie auch ziemlich geräumig ist) durch einen tiefen unterirdischen Brunnen miteinander verbunden seien. Angeblich seien Schafe in der einen Höhle verschwunden und in der anderen wieder aufgetaucht. Bewiesen werden konnte dies jedoch noch nicht.

Adresse Loutses, 49100 Korfu | ÖPNV Grüner Bus, Linie A 12 (unregelmäßig), Ausstieg in Loutses, von dort circa 30 Minuten zu Fuß | Anfahrt Von der Verbindungsstraße Kassiopi – Acharavi fährt man entsprechend der Ausschilderung nach Loutses. Kurz vor dem Ortsende biegt man links in Richtung Anapaftiria ab. Wenige hundert Meter dahinter folgt man dem Schild »to the cave« nach links. | Tipp Die Mikri Grava, die »Kleine Grotte«, ist auch sehenswert, allerdings nur zu Fuß erreichbar. Ein durch blaue Punkte markierter Wanderweg (gutes Schuhwerk erforderlich) verbindet die beiden Höhlen.

81__Das Marienkloster

Ein Kloster für das russische Heer

Die einen kommen zum Baden nach Korfu, die anderen zum Wandern und wieder andere aus kulturellem Interesse. In den letzten Jahren mehrt sich jedoch auch die Zahl derjenigen, die aus religiösen Gründen auf die Insel kommen. Seit es Direktflüge aus vielen russischen Städten gibt, werden sogar mehrtägige Pilgerfahrten zu bestimmten religiösen Stätten organisiert. Das Kloster der Heiligen Jungfrau Theotokou in Magoulades steht dabei auf der Hitliste der sehenswerten Klöster ziemlich weit oben.

Die Pilger verneigen sich dort vor einer bestimmten Ikone der Muttergottes, die schon sehr alt ist. Das Kloster wurde nämlich bereits im frühen 10. Jahrhundert gebaut und gehört zu den ältesten und größten Klöstern der Insel. Die Ikone ist aber nicht die einzige Sehenswürdigkeit, die die orthodoxen Gläubigen beeindruckt. Bedeutungsvoll und sehr alt sind auch einige Reliquien, die in der Kirche aufbewahrt werden. Aber das besondere Highlight hinter den Klostermauern ist ein Porträt von Fjodor Uschakow, dem berühmtesten russischen Marinekommandanten und Admiral des 18. Jahrhunderts. Dieser war hier mehrfach zu Besuch und hat wohl auch zeitweise im Kloster, das damals einer ganzen russischen Garnison Unterkunft bot, gewohnt.

Uschakow hat eine besondere Stellung in der russisch-korfiotischen Beziehung. Denn er befreite die Insel 1799 von den bis dahin regierenden Franzosen und sorgte gleichzeitig für die Gründung des ersten demokratischen Staates im Griechenland der Neuzeit, der Republik der sieben Ionischen Inseln.

Der Admiral ist als besonders gerechter und tugendhafter Eroberer in die Geschichte eingegangen, der sich selbst im Kampf durch Barmherzigkeit und Großzügigkeit auszeichnete. Die russisch-orthodoxe Kirche verherrlicht ihn deshalb als Schutzpatron der russischen Marine und der strategischen Luftwaffe und hat ihn mittlerweile sogar heiliggesprochen.

Adresse Magoulades, 49081 Korfu | **ÖPNV** Grüner Bus, Linie A 6, Ausstieg in Magoulades, von dort circa 30 Minuten zu Fuß | **Anfahrt** Von Arillas aus fährt man nach Magoulades. An höchster Stelle des Dorfes ist eine Kreuzung, wo ein Schild in Richtung Kloster weist. | **Öffnungszeiten** keine festen Öffnungszeiten, wenn der Mönch vor Ort ist, kann man klingeln | **Tipp** Dem Kloster ist ein zweites, etwas weiter unterhalb gelegenes Gebäude angeschlossen, in dem seit 2001 das Kinderdorf »Lächeln des Kindes« untergebracht ist.

82 Die Meilensteine

Zeugen der Vermessungstechnik von anno dazumal

Obviously: In der multikulturellen Geschichte Korfus stellt die Zeit des britischen Protektorats einen wichtigen Meilenstein dar. In den 50 Jahren, in denen die Engländer auf Korfu regierten, haben sie weit mehr als Kricket, Kumquat und Ginger Beer auf die Insel gebracht: Prunkvolle Bauten entstanden. Krankenhäuser, eine Universität, ein Wasserwerk und andere öffentliche Einrichtungen wurden geschaffen. Und: Die englischen Lord-Hochkommissare begannen damit, die Stadt und ihre Vororte durch Straßen zu verbinden und ein Straßennetz zu schaffen, das heute zu den dichtesten im ganzen Land zählt.

In einer Zeit, als man von GPS und Tachymeter noch nicht einmal zu träumen wagte, hatten die Straßenbauer und Vermesser auf Korfu ihr eigenes Koordinatensystem, um Entfernungen zu bestimmen, zu markieren und sich in dem neu geschaffenen Wegenetz zurechtzufinden: Sie bedienten sich der sogenannten Meilensteine.

Bezugspunkt auf Korfu war in der Stadtmitte der Pentofanaro, der fünfarmige Standleuchter zwischen der oberen und unteren Platia. Dort steht heute noch der Meilenstein mit der Zahl 0. Im Abstand von jeweils einem Kilometer (auf Korfu wurden die Abstände nämlich nicht wie in anderen britischen Kolonien in Meilen, sondern in Kilometern erfasst) stellte man an den Straßenrändern weitere Steine auf, in die die Entfernung vom Bezugspunkt eingemeißelt wurde.

Die meisten Meilensteine sind bei Straßenausbauarbeiten draufgegangen oder einfach aus dem Weg geräumt worden. Manche sind auch umgefallen und mit Unkraut überwachsen. Einige der kleinen Obelisken stehen aber Wind, Wetter und Navigationssystemen zum Trotz noch an ihrem Platz.

Eine engagierte Bürgerinitiative hat damit begonnen, die Standorte der noch vorhandenen stummen Weggefährten zu katalogisieren. Wer zufällig einen findet oder weiß, wo mal einer gestandet hat, kann ihn dort eintragen lassen.

Adresse Meilenstein mit der Zahl 36 in Magoulades am Dorfplatz, 49081 Korfu | ÖPNV Grüner Bus, Linie A 6, Ausstieg in Magoulades | Anfahrt Von Korfu Stadt aus fährt man genau 36 Kilometer nach Norden durch die Dörfer Skripero, Troumpetta, Agros und Kavvadades. | Tipp Im Nachbardorf Kavvadades backt ein Bäcker noch nach traditioneller Art im Holzofen. Verkauft wird vormittags oberhalb vom Dorfplatz.

83 Das Felsentor

Aussicht mit Wow-Effekt

Wenn man es von ganz unten zu Fuß bis hier herauf geschafft hat, ist man verständlicherweise mehr oder weniger aus der Puste. Komplett den Atem verschlägt es einem jedoch, wenn man sich jetzt umdreht und zurückschaut. Der Blick, der sich auftut, wenn man durch das Felsentor hindurch auf die unterhalb gelegene Agios-Georgios-Bucht schaut, ist fast unwirklich schön: Je nach Sonnenstand schimmert das Wasser grün, türkis oder tiefblau, darüber wuchert ein dichter silbrig-grüner Olivenhain den Hang hinauf, und im Hintergrund reihen sich im Meer hintereinander das Kap Akra Arilla (besser bekannt unter dem Namen Afionas), die vorgelagerte Insel Gravia und das diapontische Eiland Diaplo. Bei klarem Wetter blickt man sogar bis nach Mathraki und Ereikoussa.

Wer nicht so viel wandern möchte, erreicht die Stelle von Makrades aus. Am Ende des kleinen pittoresken Bergdorfes folgt man den »Corfu Trail«-Schildern bis zum Beginn des Kalderimi. Das Wort stammt übrigens aus dem Altgriechischen (καλλί δρόμος, sprich kalli dromos) und bedeutet guter Lauf(-Weg).

Der Kalderimi existiert seit dem frühen Mittelalter und war immer schon stark frequentiert. Die Einwohner der oberhalb gelegenen Dörfer Krini und Makrades gelangten auf ihm zu ihren Olivenhainen und Feldern. Fischer kamen täglich herauf, um ihren Fang zu verkaufen.

Damals war der Pfad aber wirklich gerade einmal breit genug für einen Esel samt Packtaschen und natürlich unbefestigt. Erst nachdem ein Pfarrer samt seinem Maultier den Hang hinabgestürzt war, begann man mit der Verbreiterung und mit dem Bau der Mauer. Leider fiel im Verlauf der Bauarbeiten jedoch auch eine der Baumaschinen in die Tiefe, und die Arbeit blieb unvollendet. Aus diesem Grund ist nur der obere Teil des Weges ein guter (Lauf-) Weg, während der untere Teil in seinem ursprünglichen, jahrhundertealten Zustand geblieben ist.

Adresse Makrades, 49083 Korfu | ÖPNV Grüner Bus, Linie A 16, Ausstieg in Makrades, von dort erreicht man das Felsentor in circa 30 Minuten zu Fuß | Anfahrt Über die Landstraße in Richtung Paleokastritsa gelangt man via Lakones nach Makrades. Am besten parkt man im Zentrum des Dorfes und folgt dann zu Fuß den Schildern »footpath to St George«. | Tipp In Makrades serviert das Restaurant »Tomatelli« von morgens bis abends raffinierte Gerichte mit korfiotischer Note in einem liebevoll restaurierten Steinhaus.

84 Das Industriedenkmal

Alte Produktionsstätte für junge Künstler

Wer heute nach Korfu kommt, könnte meinen, dass die Tourismusindustrie der einzige Industriezweig ist, der hier Arbeitsplätze sichert. Weit gefehlt: Noch vor einigen Jahrzehnten florierten auf der Insel lukrative Produktionsanlagen. Neben Tabak und Lebensmitteln wurden sämtliche verfügbaren Rohstoffe verarbeitet, und es gab Papier-, Hanf-, Korb-, Schirm-, Lack-, Holz-, Dosen-, Brennstoff- und Ziegelsteinfabriken. Jedoch ist nur noch wenig von der industriellen Vergangenheit Korfus erhalten.

Gegenüber der Hafeneinfahrt auf der anderen Seite der breiten Schnellstraße beginnt der Vorort Mantouki, eines der ehemaligen Industriegebiete Korfus. Heute ist hier ein charmantes Wohnviertel mit schlichten Häuschen an einer natursteingepflasterten Fußgängerstraße. Einziger Zeuge der industriellen Vergangenheit ist der 45 Meter hohe Industrieschornstein zwischen den verlassenen Fabrikgebäuden am Rand der Hauptstraße.

Die Öl- und Seifenfabrikation AEBEK gehörte zu den größten ihrer Art in ganz Griechenland. 130 Familien ernährte der Betrieb, der ab 1924 60 Jahre lang Öl produzierte und verarbeitete. Achilleas hieß das Öl, das bis nach Amerika und in den Nahen Osten exportiert wurde. Neben nativem wurde hier auch qualitativ minderwertiges Trester- beziehungsweise Kernöl hergestellt und die heutzutage wieder sehr beliebte Kernseife.

Was noch von der Anlage übrig ist, steht als Repräsentant der industriellen Architektur des 20. Jahrhunderts unter Denkmalschutz. Fans alter Industriedenkmäler treibt der Zustand der Ruine aber sicherlich Tränen in die Augen, denn seit ihrer Stilllegung wurde sie mehr oder weniger sich selbst und dem hereinwuchernden Unkraut überlassen. Zwischen Schutt, Abfall und Vogeldreck findet man aber auch verlassene Schlafplätze und alte Kleidung. Und Graffiti-Künstlern bieten die nackten grauen Betonwände anscheinend einen hervorragenden Übungsplatz.

Adresse Mantouki, 49100 Korfu | **ÖPNV** Blauer Bus, Linien 2b, 15, 16 und 17, Ausstieg am Hafen | **Anfahrt** Man fährt von Korfu Stadt zum neuen Hafen. Die Fabrik ist direkt gegenüber der Hafeneinfahrt. | **Tipp** Die letzte Seifenfabrik Korfus, Patounis am San-Rocco-Platz, steht auch unter Denkmalschutz, denn hier wird der Seifenblock noch mit Hibiskus-Tee liniert, von Hand gestempelt und vom Seifenschneider sorgfältig in Stücke geschnitten – wie vor fünf Generationen. Ein Besuch lohnt sich.

85 Die Einsiedelei

Er wollte nicht zurück

Im 5. Jahrhundert, so heißt es, kam der orthodoxe Ordensbruder Pater Artemios Paisios vom epirotischen Festland nach Korfu. Angetan von der dicht bewaldeten und wasserreichen, aber vor allem abgeschiedenen Gegend hinter dem »Feendorf« Nymfes entschloss er sich, dort zu bleiben, um fortan in Askese zu leben. Mit seinen eigenen Händen, heißt es weiter, grub er eine Höhle in den Felsen, in der er zufrieden weilte und betete. Auch eine Kapelle habe er in den Stein gemeißelt sowie eine Treppe zum Kopf des Felsens, von wo aus er bis zum Meer schauen konnte. Eines Tages – so die Legende – kündigten sich die Eltern des Einsiedlers auf Korfu an, wohl um ihn zur Rückkehr in ein weltliches Leben zu überreden. Der Eremit, nicht bereit, seine Wahlheimat zu verlassen, grub daraufhin eine Grube unterhalb seiner Felswand, legte sich hinein und betete.

Seine Eltern fanden ihn schließlich unter einem riesigen Stein begraben. In tiefer Trauer verstanden sie nun endlich den Wunsch ihres Sohnes, an diesem Ort zu bleiben, und entschlossen sich, hier ein Kloster zu gründen, das Kloster Metamorphosis, dessen Eingang dem Askitario gegenüberliegt.

Auch wenn die meisten Gebäudeteile in neuerer Zeit hinzugekommen sind, gehört die Kirche des Klosters zu den ältesten Zeugnissen des Christentums auf Korfu. Sie ist dem Allmächtigen (»Pantokrator«) gewidmet. Seitlich davon befinden sich die Überreste der Nebengebäude des einst großen Klosters. Das Gebäude war vor dem Zweiten Weltkrieg eine Landwirtschaftsschule, im Untergeschoss ist eine alte Olivenpresse noch gut erhalten. Man kann die einzelnen Stationen der Olivenölproduktion gut erkennen: In einem Becken wurden die Oliven gewaschen, das steinerne Mühlrad, das von Pferden oder Eseln bewegt wurde, zerkleinerte sie, bevor das Öl schließlich mit der eisernen Presse aus dem Olivenbrei herausgepresst wurde.

Adresse Nymfes, 49081 Korfu | ÖPNV Grüner Bus, Linie A 17, Ausstieg in Nymfes, von dort circa 20 Minuten zu Fuß | Anfahrt Links am Dorfplatz von Nymfes folgt man der Straße aufwärts, an der Kreuzung zweigt man nach rechts ab. Circa 600 Meter weiter kann man an einem Friedhof parken. Das Askitario und die Höhle erreicht man von dort in wenigen Minuten zu Fuß. | Tipp Feste Schuhe und lange Hosen sind angebracht, da sich das Denkmal mitten im korfiotischen »Urwald« befindet. – Wenn man das Dorf Nymfes auf der Straße in Richtung Platonas verlässt, kommt man an einem ebenfalls sehr alten Gotteshaus vorbei. Die Kirche des heiligen Estavromenos ist eine der beiden Kreuzkuppelkirchen Korfus.

86_Der Wasserfall

Wo die Nymphen duschen

Ziemlich genau in der Mitte von Nordkorfu, dem breiten »Kopf« der Insel, versteckt sich am hügeligen Fuß des Pantokratorgebirges ein altes Dorf mit dem Namen Nymfes. Es war bereits in der Antike bekannt, damals hieß es Neraidohori – Feendorf. Denn der Legende nach wohnten in der sattgrünen, bewaldeten Umgebung des Dorfes einst zahlreiche Nymphen. Die alten Griechen liebten diese jungen hübschen Fabelwesen, die alle vom Göttervater Zeus gezeugt wurden. Obwohl sie nicht wie die Götter unsterblich waren, verkörperten sie so etwas wie die ewige Jugend und galten als Wächterinnen und Bewahrerinnen der Natur.

Wer nach Nymfes kommt, braucht nicht viel Phantasie, um zu verstehen, warum das Dorf so heißt, wie es heißt: Bereits auf dem Dorfplatz mit seiner riesigen Platane plätschert aus mehreren Hähnen kristallklares Quellwasser (das sich abfüllt, wem das korfiotische Leitungswasser nicht schmeckt). Hier stelle man sich die Geburtsstätte der kleinen Feen vor. Auf dem Dorfplatz tanzten und spielten sie (wie alle Kinder) und verkrochen sich in den hohen Zypressen, Eichen und Platanen und in den dichten Wäldern rings ums Dorf.

Die »Dusche« der Nymphen befindet sich ein paar Kilometer weiter oberhalb des Dorfplatzes. Hier ergießen sich die Wasserfälle von Nymfes aus über zehn Metern Höhe in eine immergrüne Schlucht und verwandeln die Umgebung in eine üppig grüne, mystische Welt.

Der schattige, wasserreiche Wald sorgt hier selbst im Hochsommer für ein frisches und angenehmes Mikroklima. In der Umgebung von Nymphes befindet sich wohl daher auch der griechenlandweit einzige kommerzielle Kumquat-Anbau. 140 Tonnen der »Mini-Orange« werden hier jährlich auf 500 Hektar geerntet und anschließend zu verschiedenen Süßspeisen, Marmelade und natürlich zu Likör weiterverarbeitet (siehe Ort 6). Ob die Nymphen dabei wohl auch ihre Hände im Spiel haben?

Adresse Nymfes, 49081 Korfu | **ÖPNV** Grüner Bus, Linie A 17 (bis zum Dorfplatz von Nymfes), Ausstieg in Nymfes, von dort circa 35 Minuten zu Fuß | **Anfahrt** Von Roda aus fährt man in Richtung Platonas, dann folgt man dem Hinweisschild nach Nymfes. Neben dem Dorfplatz befindet sich ein Wegweiser zum Wasserfall. Die Straße, die am Sportplatz vorbeiführt, ist nicht gut, aber befahrbar. Das letzte Stück muss man zu Fuß über eine sehr steile, mit Holzstämmen befestigte Treppe zurücklegen. | **Tipp** Am ergiebigsten ist der Wasserfall im Frühjahr. Im Hochsommer kann es unter Umständen vorkommen, dass er fast ganz versiegt. Das Quellwasser am Dorfplatz sprudelt ganzjährig.

87_Das Filmdorf

Nur für deine Augen (oder nur für Citroën?)

Angeblich wurde der Citroën 2CV, die sogenannte »Ente«, einst so konzipiert, dass er »Platz für zwei Bauern in Stiefeln und einen Zentner Kartoffeln hat, einfach zu bedienen ist und einigermaßen zügig fährt«. Besondere Anforderungen wurden an Federung und Stoßdämpfung gestellt, denn das Gefährt sollte selbst »schlechteste Wegstrecken bewältigen können«, und zwar so, »dass ein Korb voll mit Eiern eine Fahrt über holprige Feldwege unbeschadet übersteht«.

Das mit den schlechtesten Wegstrecken sollte sich im Herbst 1980 auf Korfu bestätigen: Über eine kurvenreiche Straße steuerte die Fahrerin eines gelben 2CV mit stark überhöhter Geschwindigkeit auf Pagoi zu. Mitten im Dorfzentrum auf der schmalen Dorfstraße kippte das Auto bei der Begegnung mit einem Linienbus auf die Seite. Nachdem ein paar zufällig vorbeikommende Dörfler es schnell wieder aufgerichtet hatten, übernahm der Beifahrer das Steuer und setzte die halsbrecherische Fahrt mit schwindelerregendem Tempo fort. Das Paar wurde nämlich von Scharfschützen in zwei schwarzen Peugeots verfolgt, die das Heck der Ente durchlöcherten. Querfeldein, vorwärts, rückwärts und zwischendurch auch mit Salto über eine Gruppe Oliven erntender Bauern bewies das Auto seine Tauglichkeit. Erst als die Verfolger abgehängt waren, stellte sich der Fahrer des mittlerweile völlig verbeulten Fahrzeugs auch endlich vor: »Mein Name ist Bond, James Bond.«

Mehrere CVs wurden bei den Dreharbeiten für den 007-Streifen »For Your Eyes Only« in Pagoi geschrottet. Trotzdem lohnte sich der Film für den französischen Autokonzern: Der quietschgelbe James-Bond-2CV mit »007« Schriftzug samt Einschusslöchern wurde legendär.

Auch das touristisch sonst nicht besonders gut erschlossene Dorf Pagoi profitierte von der wilden Verfolgungsjagd mit Roger Moore. Ein Café verfügt über zahlreiche Informationen und Fotos zu den Dreharbeiten.

Adresse Pagoi, 49083 Korfu | **ÖPNV** Grüner Bus, Linie A 7, Ausstieg in Pagoi an der Kirche | **Anfahrt** Von Korfu Stadt kommend fährt man über den Troumpetta-Pass und anschließend durch die Ortschaft Kastellani Gyrou. An der Straßenkreuzung hinter dem Ort ist eine Straße nach Pagoi ausgeschildert. | **Tipp** Gegenüber vom »Spyros Bond 007 Cafe« ist das kleine Restaurant »Romeos Cafe«, in dem ausgewählte Gerichte liebevoll zubereitet und serviert werden.

88 Das Aquarium

Einmal im Leben eine Seegurke streicheln

Schon mal eine Seegurke gesehen? Als Nicht-Taucher wahrscheinlich eher nicht, obwohl man sie an Korfus Küsten auch ab und zu beim Schnorcheln vor die Maske bekommt. Diese besonderen Stachelhäuter walzen in allen Weltmeeren am Meeresboden herum, in seichten Gefilden genauso wie in der Tiefsee. Sie wühlen im Sediment und verdauen die organischen Bestandteile, weshalb man sie als »Staubsauger der Meere« bezeichnet.

Man braucht nicht viel Phantasie, um sich vorzustellen, wie so eine Seegurke aussieht, die von den Italienern auch Cazzo di mare, also »Meerespenis«, genannt wird (diesen Namen verdankt sie vermutlich der Art und Weise, ihre Geschlechtsprodukte abzugeben). Wer aber trotzdem mal eine in echt sehen oder sogar in die Hand nehmen möchte, der kann ins Corfu Aquarium nach Paleokastritsa fahren.

Wenn man dort ankommt, ist man vielleicht zunächst etwas enttäuscht, weil das Gebäude von außen wirklich nicht sehr spektakulär erscheint. Das Gute ist aber, dass es in Relation zu seiner Größe über viel ausgezeichnet geschultes, freundliches und sprachbewandertes Fachpersonal verfügt. Die kompetenten Guides geben gern und ausführlich Auskunft zu all den großen und kleinen Fischen, Krusten-, Schalen- und Stacheltieren, Oktopoden und was sich sonst noch in den Becken vor den Augen der Betrachter herumtreibt.

Aber die marine Welt ist nicht die einzige, die es hier zu bewundern gibt. Neben den Aquarien gibt es noch eine zweite Abteilung, und zwar mit Terrarien. Auch hier bekommt man manchmal das ein oder andere Exemplar in die Hand gedrückt oder um den Hals gelegt.

Der besondere Star im Reptilienzoo ist jedoch George, der Leguan, der auch mal frei zwischen den Besuchern herumspazieren darf und irgendwie gar nicht schüchtern erscheint. Wird der kleine, zutrauliche Dinosaurier gestreichelt, schließt er die Augen und streckt sogar seinen Kopf ein bisschen.

Adresse Paleokastritsa, 49083 Korfu | **ÖPNV** Grüner Bus, Linie A 9, Ausstieg am Parkplatz von Paleokastritsa | **Anfahrt** Von Korfu Stadt kommend Richtung Norden den Schildern nach Paleokastritsa folgen. Das Aquarium ist am Ende des großen Busparkplatzes im Zentrum. | **Öffnungszeiten** in der Saison täglich 10–17 Uhr, www.corfuseadiscovery.com | **Tipp** Nach dem Besuch im Aquarium sollte man die Unterwasserwelt noch einmal »in echt« erleben. Für Taucher und Schnorchler, aber auch mit dem Glasbodenboot gibt es viel zu entdecken.

89 Karavi

Das versteinerte Schiff

Von der Odyssee war bereits die Rede (siehe Ort 16). Zur Erinnerung: Sie handelt von König Odysseus von Ithaka, der es sich nach dem Sieg über Troja mit den Göttern verscherzt hatte, die ihn deshalb zehn Jahre lang kreuz und quer durchs Mittelmeer schickten. Eins der letzten Kapitel spielt im Ionischen Meer.

Der Held klammert sich kraftlos nur noch an die Überreste seines Schiffes und wird nach einem Unwetter an die Küste der Insel gespült, die damals »Scheria« oder »Insel der Phäaken« hieß. Dort fand ihn die Phäakenprinzessin völlig erschöpft unter einem Olivenbaum. Nachdem sie sich von dem ersten Schrecken erholt hatte (der nackte und völlig zerzauste Seefahrer glich wohl eher einem Seeungeheuer als einem Helden), brachte sie ihn zum väterlichen Palast. König Alkinoos – zur altgriechischen Tradition der Gastfreundschaft verpflichtet – bewirtete den Fremden und päppelte ihn auf. Nachdem er erfahren hatte, dass es sich bei dem schiffbrüchigen Gast um den berühmten Odysseus handelte, beschloss er, ihm ein Schiff (griechisch: Karavi) zur Verfügung zu stellen, um ihn damit zu seiner Heimat zu bringen.

Der Plan ging auf, und Odysseus kehrte nach Ithaka zurück. Für die Phäaken gibt es jedoch an dieser Stelle kein Happy End. Denn der rachsüchtige Meeresgott Poseidon war über die Hilfsbereitschaft gegenüber dem verhassten Helden dermaßen erzürnt, dass er ihr Schiff, als es von Ithaka zurückkehrte, kurz vor der Küste Korfus in Stein verwandelte.

Dort liegt es noch heute, in Paleokastritsa, ganz deutlich zu erkennen, zwischen den zerfurchten Küstenfelsen: ein einzelner Stein, der ganz klar die Umrisse des Phäakenschiffs zeigt. Allerdings nehmen auch andere Orte das versteinerte Schiff für sich in Anspruch, und daher befindet sich Karavi möglicherweise doch in Kassiopi, in Arillas oder in der Garitsa-Bucht. Sogar die weltbekannte Mausinsel wird mit dem Mythos in Verbindung gebracht.

Adresse Paleokastritsa, 49083 Korfu | **ÖPNV** Grüner Bus, Linie A 9, Ausstieg am Parkplatz von Paleokastritsa | **Anfahrt** Man fährt bis zum Ende von Paleokastritsa. Das versteinerte Schiff ist vom Strand aus zu sehen. | **Tipp** Jahr für Jahr wird hier in einer eindrucksvollen Licht- und Musikshow diesem Ereignis gedacht. Wer Anfang August auf Korfu ist, sollte sich die »Barkarola« in Paleokastritsa nicht entgehen lassen.

90__Paralia Paleokastritsa

Das Geheimnis der toten Wale

Am 30. November 2011 sind am Strand unterhalb vom Kloster Paleokastritsa zehn Cuvier-Schnabelwale gestrandet und verendet. Einige Tage später wurden zahlreiche weitere Wale tot an Land gespült, deren Verwesungszustand darauf hindeutete, dass sie im gleichen Zeitfenster gestorben waren, in dem die anderen Tiere strandeten.

Die für Walverhältnisse relativ kleinen Schnabelwale sind vermutlich wegen zu vieler Gasblasen im Blut gestorben, also an der sogenannten Taucherkrankheit. Diese entsteht, wenn man zu schnell aus größerer Tiefe auftaucht. Seltsam, denn die Cuvier-Schnabelwale sind keine unerfahrenen Taucher – im Gegenteil, sie halten sogar den Rekord im Tief- und Langtauchen unter allen Säugetieren. Über eine Stunde lang jagen sie im kilometertiefen Ionischen Meer nach Tintenfisch, bevor sie für wenige Minuten an die Wasseroberfläche (und zwar fast nie in Küstennähe) zum Luftschnappen kommen. Man sollte also annehmen, dass sie gelernt haben, so aufzutauchen, dass sie keine Dekompressionserscheinungen erleiden. Es sei denn, sie werden gestört.

Ein wesentlicher Stressfaktor für die friedlichen Meeressäuger sind Echolote beziehungsweise Sonargeräte, die unter anderem vom Militär eingesetzt werden, aber auch, um die Lage von Ölfeldern zu bestimmen. Das Ionische Meer hat nämlich reiche Erdölvorkommen, die gefördert werden sollen. Was nun genau der Auslöser für die Massenstrandung war, darüber wurde der Ottonormal-Zeitungsleser leider nicht aufgeklärt.

Die unglücklich gestrandeten Wale sind allerdings kein Einzelfall. Bereits im 19. Jahrhundert wurde an der gleichen Küste ein Wal geborgen, dessen gigantisches Skelett im äußerst pittoresken Kloster in Paleokastrita bestaunt werden kann. Hier kümmern sich neun Mönche neben ihren religiösen Verpflichtungen um Kirche und Klostergarten, inklusive einer unüberschaubaren Anzahl von Katzen und um ein kleines, aber sehenswertes Museum.

Adresse Paleokastritsa, 49083 Korfu | ÖPNV Blauer Bus, Linie 9, Ausstieg am Parkplatz von Paleokastritsa, von dort circa 15 Minuten zu Fuß | Anfahrt Man folgt von Korfu Stadt aus den Schildern nach Paleokastritsa. Das Kloster ist auf dem Hügel oberhalb des großen Busparkplatzes am Ende des Ortes. Am besten parkt man unten und läuft zu Fuß hoch. | Öffnungszeiten in der Saison täglich 7–20 Uhr, außer in der Mittagszeit | Tipp Das Kloster hat eine eigene Olivenmühle und produziert Öl, aber auch Wein. Beides kann vor Ort gekauft werden.

91 Der alte Dorfplatz

Warum die Platia hier »Foros« heißt

Wie wär's mit einer kleinen Griechisch-Lektion: »Palia« heißt alt, die Vorsilbe »Peri« steht für ringsherum und das Bestimmungswort »Thia« wahlweise für Sicht oder für Gott. Und jetzt kann sich jeder selbst aussuchen, ob er den alten Ort »Ringsherum Sicht« oder »Ringsherum Gott« taufen möchte. Denn geklärt ist die Herkunft des Dorfnamens Perithia bis heute nicht. Aber vielleicht kann man sich ja auf einen Kompromiss einigen, zum Beispiel »Ringsherum Gottes Sicht«.

Das alte Dorf hatte in Relation zu seiner Größe nämlich ungewöhnlich viele Gotteshäuser – acht an der Zahl –, und das bedeutet, dass es sich um einen wichtigen Ort gehandelt haben muss. Tatsächlich war Palia Perithia über Jahrhunderte Sitz der Gemeindeverwaltung und somit ein sehr wohlhabendes Dorf. Seine Wurzeln reichen bis ins frühe Mittelalter zurück. Gut versteckt in 450 Meter Höhe war man hier vor Piraten und der Malaria geschützt. Es gab reichlich Weideland und in einiger Entfernung Olivenhaine und ein paar Felder, sodass ein guter Lebensstandard gesichert war. Ganze 130 Häuser siedelten sich um den von hohen Bäumen überschatteten Platz an, der den Mittelpunkt der kleinen dörflichen Welt darstellte.

Mit Einzug des Tourismus auf Korfu in den 60er Jahren leerte sich das Dorf, die Einwohner wanderten nach »unten« an die Strände aus, und bald war Palia Perithia ein verlassenes »Geisterdorf«. In den letzten Jahren sind jedoch mehrere Häuser wiederhergestellt und in Tavernen umgewandelt worden. So kam zumindest im Sommer wieder Leben unter den Mandelbaum auf dem alten Dorfplatz, der übrigens (noch eine kleine Lektion) auf Korfu nicht Platia, sondern Foros heißt. Unter der 400 Jahre währenden venezianischen Besetzung war die Amtssprache auf der Insel nämlich Italienisch, und das Forum (lateinisch für Platz) wurde mit der griechischen Endung -os ausgestattet und heißt bis heute Foros.

Adresse Palia Perithia, 49100 Korfu | ÖPNV nach Palia Perithia fährt kein Bus, man kann mit dem Grünen Bus, Linie A 12, nach Loutses fahren und in circa einer Stunde hinaufwandern | Anfahrt Von der Verbindungsstraße Kassiopi – Acharavi folgt man dem Schild nach Loutses, von dort führt eine einigermaßen gut ausgebaute Straße steil aufwärts nach Palia Perithia. | Tipp In der Taverne »O Foros« sitzt man mitten im Dorf und lässt sich die traditionelle und sehr leckere korfiotische Bergküche schmecken.

92 Der Gipfel

Pilgerziel unter Sendemasten

Wer zum ersten Mal auf den Gipfel des Pantokrator, des »alles Beherrschenden«, kommt, ist normalerweise zunächst ein bisschen geschockt. Denn mittlerweile wird der höchste Berg Korfus selbst beherrscht, und zwar von den Betreibern unterschiedlicher Mobil- und Rundfunknetze, die hier eine unüberschaubare und wenig ansehnliche Antennenlandschaft haben entstehen lassen. Sie bedienen nicht nur die Ionischen Inseln, sondern auch Teile des Festlands, Albaniens und Italiens mit Funksignalen. Ein Blick in die Höhe läßt die Angabe von 917 Metern für die höchste Erhebung der Insel fragwürdig erscheinen.

Wenn man sich von den Funkmasten abwendet, wird man jedoch für den Aufstieg mehr als belohnt: Im Osten schaut man über die Straße von Korfu bis nach Albanien, im Westen erkennt man hinter Nordkorfu die westlichste Inselgruppe Griechenlands, die Diapontischen Inseln. Und auch das Kloster, das hier im 14. Jahrhundert fast auf dem Gipfel errichtet wurde, ist sehenswert. Ebenso wie der Klostergarten, der mit einem Souvenirladen, Bänken und Picknickplätzen ausgestattet wurde. Unterhalb des im Vergleich zu der Antenne winzigen Glockenturms wird in der Saison auch ein Ausflugscafé betrieben.

Das alte Kloster ist auch heute noch ein beliebtes Pilgerziel der orthodoxen Gläubigen. Vor allem in der ersten Augustwoche, denn am 6. August, dem Namenstag des heiligen Sotirios, des »Erlösers«, feiert es seine Kirchweih. Am Abend vorher steigen Hunderte »Proskynites« (Pilger) aus den unterhalb gelegenen Dörfern mit Kerzen und Taschenlampen auf steinigen Fußpfaden zum Gipfel, wo die ganze Nacht über Gottesdienst gehalten wird. Grund für den Gewaltmarsch ist die Ikone des Erlösers Christus Pantokrator, die auch den Himmel der Kirche ziert. Auf ihr ist Jesus Christus dargestellt, der dem erschöpften Pilger direkt in die Augen schaut und ihn mit der rechten Hand segnet.

Adresse Pantokrator, 49083 Korfu | **Anfahrt** Die Straße zum Gipfel führt in vielen Schleifen über die Dörfer Spartylas und Strynilas. Die Parksituation ist wüst, daher sollte man den letzten Kilometer besser zu Fuß laufen. | **Tipp** Einer der alten Pilgerpfade beginnt im Dorf Spartylas und ist relativ gut markiert. In drei Stunden gelangt, wer gut in Form ist, zum Gipfel.

93_Das Gut Ambelonas

Korfu auf dem Teller und im Glas

Der Geschmack von Korfu ist wie die Insel selbst: außergewöhnlich. Vielfältig. Und abwechslungsreich. Zusammengewürfelt aus den Einflüssen der vielen verschiedenen Kulturen, die auf Korfu nicht nur ihre Spuren, sondern auch ihre Gewürze und Zubereitungsarten hinterlassen haben.

Die Korfioten lieben es aromatisch, ein bisschen süß und vor allem pikant. Scharfer roter Pfeffer spielt eine wichtige Rolle, Zimt und Nelken haben in vielen Soßen ihren festen Platz. In korfiotischen Kochtöpfen riecht es deshalb fast immer ein bisschen nach Weihnachten im Orient. Die Namen der Spezialitäten klingen dagegen eher nach Italien: Pastitsada (der Korfioten Leibspeise: Gockel in zimtig-scharfer Tomatensoße), Tsigarelli (Wildgemüse in zimtig-scharfer Tomatensoße), Bourdetto (Kochfisch in zimtig-scharfer Tomatensoße) und Sofrito (dünne Rindfleischscheiben in – ha! – Wein-Knoblauch-Soße).

Doch die korfiotische Küche hat noch viel mehr zu bieten. Die zimtig-scharfen Tomatensoßen sind nämlich nie gleich. Jedes Gericht basiert auf einer komplexen Gewürz- und Kräutermischung, die bis zu 15 verschiedene Zutaten enthalten kann. Unter dem Namen »Spezerika« bekam man die früher ausschließlich in der Apotheke. Denn die Mixturen wirken sich nicht nur positiv auf den Geschmack, sondern auch auf den Körper aus. Bei richtiger Zusammensetzung jedenfalls, denn die in den Gewürzen enthaltenen Phenole beeinflussen sich wechselseitig. Heute bekommt man einige dieser Mischungen aber auch in ausgewählten Gewürzläden. Und hier, auf dem liebevoll restaurierten Gut Ambelonas, im Zentrum von Korfu.

In Ambelonas hat man die korfiotische Küche sozusagen zum Forschungsobjekt erkoren, und entsprechend ausgeklügelt und raffiniert wird hier gekocht. Dazu gibt es authentischen Hauswein, der aus den Trauben des angrenzenden Weinberges vor Ort herangereift ist.

Adresse Pelekas, Karoumpatika, 49100 Korfu | ÖPNV Blauer Bus, Linie 8 oder 11 bis zur Kreuzung Pelekas, von dort den Schildern entsprechend zu Fuß weiter (etwa ein halber Kilometer) | Anfahrt Von Korfu Stadt kommend fährt man auf der Landstraße in Richtung Pelekas, an der ersten Abzweigung nach Pelekas folgt man den Schildern zum Ambelonas. | Öffnungszeiten unregelmäßig, man sollte vorher anrufen beziehungsweise auf der Internetseite schauen, http://ambelonas-corfu.gr | Tipp Spezerika gibt es heute noch in manchen Apotheken. Zum Beispiel bei Deleonardou Karmela in der Straße Georgios Theotoky 56 in Korfu Stadt.

94_Der Thron

Korfu, Serbien und die Liebesschlösser

Hach, ist das romantisch: Das Farbenspiel der untergehenden Sonne hüllt die hügelige Landschaft Zentralkorfus in einen weichen goldenen Schimmer, das Meer weht eine warme Brise herauf, der letzte Schein der Sonne spiegelt sich auf der Meeresoberfläche … jetzt wird ein Liebesschwur geleistet, ein Schloss mit Initialen am Geländer verschlossen und der Schlüssel in die Tiefe geworfen. An dieser exponierten Stelle, des Kaisers Thron hoch über dem Dorf Pelekas, ist das besonders stimmungsvoll.

Und auch besonders originell. Denn wenn man den Bogen weit genug spannt, so waren an der Erfindung der Liebesschlösser sowohl Korfu als auch der Erbauer dieser einzigartigen Aussichtsplattform maßgeblich beteiligt. Kaiser Wilhelm II. spielte ja keine unbedeutende Rolle im Ersten Weltkrieg. Einem Krieg, der für das Land Serbien und seine Einwohner verheerende Folgen haben sollte. Geschlagen und heimatlos fand die serbische Armee am Ende auf Korfu Exil, zwei Jahre lang wurde die Insel zu ihrer neuen Heimat (siehe Ort 8).

Auch der junge serbische Offizier Relja kam damals mit seinem Heer auf die Insel. Seine Verlobte, die hübsche Lehrerin Nada, wartete in Serbien sehnsüchtig auf seine Rückkehr. Täglich wanderte sie in ihrem Heimatort Vrnjačka Banja zu einer bestimmten Brücke im Stadtpark, auf der sie sich mit ihrem Geliebten vor dem Krieg oft getroffen hatte.

Doch sie wartete vergeblich. Relja verliebte sich nämlich in eine Korfiotin und löste die Verlobung mit Nada auf. Diese, so heißt es, wurde fortan nie wieder glücklich und starb bald darauf an ihrem Liebeskummer. Um diesem Schicksal zu entgehen, begannen die Frauen des Ortes, Schlösser mit Initialen von sich und ihren Geliebten an das Geländer der »Brücke der Liebe« zu hängen. Damit legten sie den Grundstein für eine Tradition, die mittlerweile rund um den Globus bekannt geworden ist.

Adresse Kaisers Thron, Pelekas, 49100 Korfu | ÖPNV Blauer Bus, Linie 11, Ausstieg an der Endstation in Pelekas, von dort circa 15 Minuten zu Fuß | Anfahrt Vom höchsten Punkt des Dorfes Pelekas ist der Kaisers Thron ausgeschildert. | Tipp Einen phantastischen Sonnenuntergang und ein ebenso gutes Abendessen genießt man im »Bella Vista Sunset Restaurant« oberhalb der Strände Kontogialos und Gialiskari.

95 Loggas Beach

Lehmterrassen und Sunset vom Feinsten

Kandidaten für den Wettbewerb »Wo ist der beste Sonnenuntergangs-Platz auf Korfu?« gibt es wohl zur Genüge. Der kleine Ort Peroulades an der Nordwestküste wartet jedoch gleich mit zwei Top-Locations auf, die mit Sicherheit ganz weit vorn im Rennen liegen.

Am Loggas Sunset Beach präsentiert die Sonne Abend für Abend eine theaterreife Inszenierung. In ihren leuchtendsten Rottönen zieht sie vor der Kulisse der Diapontischen Inseln ihre dramatische Show ab. Die lange Betontreppe dient als Tribüne für ihre Fans und führt hinunter zu einem winzigen Strand, der unter den senkrecht aufragenden Klippen auch schon mal von den Wellen überspült wird. Wer noch musikalische Untermalung und/oder einen kühlen Drink dazu braucht, genießt das Naturschauspiel von einer der beiden Bars darüber.

Ein Stück weiter dann das zweite Highlight der Region, das Kap Drastis. Wind und Wellen haben die nordwestlichste Landspitze der Insel zu einem einzigartigen Kunstwerk geformt und natürliche Terrassen in den weichen Lehmfelsen und seine kleinen Nebeninseln hineingewaschen. Hierher kommt man zu Fuß, per Boot oder auch schwimmend, um sich dann – umgeben von türkisfarbenem Meer – dem Sonnenuntergangsspektakel hinzugeben. Vorher kann man sich mit dem angefeuchteten Lehm von Kopf bis Fuß einschmieren (keiner weiß genau, ob das nun gut oder schlecht für die Haut ist) und ihn anschließend im Meer abwaschen.

Ansonsten kommt der Ort Peroulades genau wie das benachbarte Avliotes im Sommer eher verschlafen rüber. Beide Dörfer sind eigentlich als Ausflugsziele für die Karnevalszeit bekannt und beliebt, denn hier finden in Relation zur Anzahl der Einwohner zwei ungewöhnlich große Rosenmontagszüge statt. Dass die beiden Dörfer sich an diesem Tag bei der Dekoration ihrer Traktoren und der Auswahl ihrer Kostüme gegenseitig übertreffen, kommt der ganzen Sache nur zugute.

Adresse Peroulades, 49081 Korfu | ÖPNV Grüner Bus, Linie A 1, Ausstieg an der Bushaltestelle am Dorfplatz in Peroulades, dann zu Fuß weiter | Anfahrt Man erreicht den Ort Peroulades von Sidari aus. Dann folgt man den Schildern nach Loggas Sunset Beach beziehungsweise Cap Drastis. | Tipp Oberhalb des Cap Drastis führt ein schöner Höhenweg fast bis ins benachbarte Sidari, von dem aus man noch einmal grandiose Fotos machen kann.

96__Der große Hafen

Urbaner Charme mit moderner Fischerei

Das Fischereigewerbe auf Korfu ist eigentlich noch sehr traditionell aufgestellt. Das Bild vom verschlafen vor sich hin dümpelnden kleinen Fischerbötchen und dem rauchenden alten Fischer, umgeben von zerzausten Katzen, ist vielerorts noch Realität. Die meisten Fischereien sind kleine Familienbetriebe mit eigenen Booten, die selten länger als zwölf Meter lang sind und deren Fanggründe mehr oder weniger in Küstennähe liegen. Eigentlich …

In Petriti sieht die Sache jedoch ganz anders aus: Hier, in einem der größten Fischerhäfen der Insel, findet man nämlich »richtige« Fischerboote, echte Trawler mit riesigen Schleppnetzen. Damit wird intensiv gefischt, weit draußen auf dem offenen Meer, mehrere Tage lang. Sie fangen alles, was der Ozean hergibt, ihr Fang ist zehnmal größer als der eines Küstenfischers, und sie beliefern daher nicht nur Korfu, sondern ganz Griechenland mit Wildfisch. Die Besatzung wird zumeist aus muslimischen Ländern angeworben. Denn auf Korfu lassen sich so gut wie keine Berufsfischer finden, die nicht mit dem eigenen Boot rausfahren.

Auch sonst kommt das Dorf Petriti eher sehr modern rüber. Es ist neu und gut erschlossen, und man hat den Eindruck, dass bei seiner Entstehung so etwas wie ein Flächennutzungsplan existiert haben muss. Hier gibt es endlich mal keine gepflasterten, engen, mittelalterlichen Gassen, sondern ein gut durchstrukturiertes Straßennetz. Vor den neuen, mindestens zweistöckigen Häusern findet man sogar so etwas wie Bürgersteige. Es gibt eine Reihe von Appartementanlagen, Tavernen, Cocktailbars, Supermärkte und sogar einige Fachgeschäfte. Ganz klar: Hier waren auf jeden Fall Stadtplaner am Werk.

Das Dorf Petriti, so wie es sich heute zeigt, entstand tatsächlich erst in den 70er Jahren, als der oberhalb gelegene Ort Korakades abzurutschen drohte. Die 140 Familien, die damals dort lebten, bauten sich in Petriti ihre neue Heimat auf.

Adresse Petriti, 49080 Korfu | **ÖPNV** Grüner Bus, Linie B 2, Ausstieg in Petriti | **Anfahrt** Von Norden kommend fährt man auf der Straße nach Lefkimmi bis nach Argyrades. Hier fährt man links über Neochoraki nach Petriti. | **Tipp** Eine Zeitreise in die Vergangenheit erlebt, wer einen halbstündigen Fußmarsch in das verlassene Dorf Korakades unternimmt. Die Häuser sind zum großen Teil noch erhalten und machen die alte Ortschaft zu einem offenen Freilichtmuseum.

97 Der Glockenturm

Das wohl schwärzeste Kapitel der Insel

Der Zweite Weltkrieg hat auch auf Korfu bittere Spuren hinterlassen. Im Jahr 1941 okkupierten zunächst Italiener als Verbündete Hitlers die Insel. Diese schlossen jedoch zwei Jahre später einen Waffenstillstand mit den Alliierten, wechselten also die Fronten. Was dann folgte, war ein Desaster.

Deutsche Soldaten versuchten nun, auf die Insel zu gelangen, und forderten die dort noch stationierten italienischen Truppen auf, umgehend die Waffen niederzulegen. Diese ergaben sich jedoch nicht, sondern versuchten im Gegenteil, der deutschen Invasion Widerstand zu leisten, und beschossen deren Schiffe. Eins wurde getroffen und versenkt. Etwa zur gleichen Zeit wurde ein Kampfflugzeug des Typs Ju 88 der Wehrmacht von italienischen Flugabwehrgeschützen getroffen und stürzte brennend in den Glockenturm der Kirche Panagia Eleousa im Vorort Potamos. Der Turm schlug auf das Kirchengebäude und setzte auch das benachbarte Schulgebäude in Brand. Anwohner bargen die Leichen der vier deutschen Piloten und setzten sie auf dem Friedhof der Kirche bei.

Die Deutschen hatten nunmehr Opfer zu beklagen, und ihre Rache war mehr als grausam. Noch am gleichen Abend wurden Brandbomben auf Korfu abgeworfen, und innerhalb weniger Stunden zerfielen große Teile der Stadt Kerkyra in Schutt und Asche. Die Bombardierung dauerte mehrere Tage an, unzählige Todesopfer, Obdachlosigkeit, Hunger und Krankheiten waren die Folge. Der 13. September gilt als einer der schwärzesten Tage in der Geschichte der Insel.

Nach dem Krieg holten die Angehörigen der deutschen Piloten, die in Potamos ums Leben kamen, deren sterblichen Überreste in die Heimat. Als Dank für die Hilfe und Unterstützung nach dem tödlichen Absturz spendeten sie dem Dorf Potamos zwei neue Glocken für die wieder aufgebaute Kirche.

Im Hof der Kirche erinnert ein Gedenkstein an das tragische Ereignis.

Adresse Potamos, Kerkyra, 49100 Korfu | **ÖPNV** Blauer Bus, Linie 4, Ausstieg in Potamos | **Anfahrt** Von der Nationalstraße Paleokastritsa – Korfu zweigt im Bereich Solari eine Straße nach Potamos ab. | **Tipp** Im schon sehr alten Dorf Potamos war früher eine der drei Salinen der Insel. Sehenswert ist auch die Kirche des heiligen Barbaro mit ihrem 35 Meter hohen Glockenturm.

98_Das RC Hotel

Planespotting im Kleinformat

Wer kommt auf die Idee, ein Hotel »RC Hotel« zu nennen? Reiner Calmund? Der Rotary Club? Oder ein Geschäftsmann aus der Republik China? Nein, in diesem Fall steht das Akronym RC (Technikfans wissen das natürlich) für den Begriff »Radio Control«, oder auf Deutsch »Funkfernsteuerung«. Gemeint ist damit der funkferngesteuerte Betrieb selbst gebauter, voll funktionsfähiger Flugzeugmodelle. Und derjenige, der dem RC Hotel seinen Namen gab, ist wahrscheinlich der engagierteste Modellbauer Korfus.

Im Jahr 2004 kaufte Spyros Tsellas ein großes, flaches Stück Land im Inneren von Korfu unweit von Gouvia und begann damit, ein wohl weltweit einzigartiges Konzept zu verwirklichen: Auf dem Grundstück entstanden ein Hotel, eine Start- und Landebahn und ein geräumiger Hangar. Bereits ein Jahr später lud Spyros Gleichgesinnte, also dem Modellbau verschriebene Gäste (überwiegend aus England), ein, ihren Sport und ihren Familienurlaub unter einen Hut zu bringen.

Während also die (meist männlichen) Hobbypiloten ihren neuesten Bausatz zusammenmontieren, reparieren oder darüber fachsimpeln, entspannt sich deren Anhang am Pool oder unternimmt Ausflüge in die Umgebung. Zweimal täglich ist Flugbetrieb im RC Hotel, dann steigen die Flugobjekte auf, und die Piloten demonstrieren mit Loopings, Rollen und Kehren ihr Können. Ein Trainer steht Anfängern und Fortgeschrittenen zur Seite. Es gibt neben der Start- und Landebahn für Flächenmodelle auch einen Bereich für Hubschrauber und Drohnen, eine Bahn für Automodelle und sogar einen kleinen Teich für Boote.

Die meisten Gäste sind nicht zum ersten Mal im Hotel und bringen ihre eigenen Modelle mit. Man kann aber auch vor Ort ein neues basteln oder aus einer Reihe von fertigen Fliegern das Gewünschte ausleihen. Natürlich gibt es im Bereich der Landebahn Sitzgelegenheiten, wo Zuschauer die Aktionen der Piloten bewundern können.

Adresse Poulades, 49100 Korfu | **Anfahrt** Von Gouvia aus fährt man am Supermarkt Diellas vorbei nach Poulades. Dort folgt man den Schildern zum See Kavrolimni. Ein kleines Schild mit einem Flugzeug weist auf das Hotel hin. | **Öffnungszeiten** April–Okt., Flugbetrieb zweimal täglich, vormittags und nachmittags, 13–17 Uhr ist Pause | **Tipp** Man kann vom Hotel aus in wenigen Minuten zu einem kleinen See, dem Kavrolimni, spazieren. Zum Mittagessen bietet das Hotelrestaurant frische korfiotische Gerichte an.

99 Das englische Dorf

Gelungenes Upcycling-Projekt im Pantokratorgebirge

Architekten und Nachhaltigkeitsfans aufgepasst! Das Dorf Rou macht vor, wie man mit etwas Know-how und britischem Designtalent eine 200 Jahre alte Ruinensiedlung in ein Vintage-Luxus-Estate verwandeln kann.

Noch vor zwei Jahrzehnten war der Ort Rou in der Nordostflanke des Pantokratorgebirges so etwas wie ein Geisterdorf. Denn was im Mittelalter bei Piratenangriffen von Vorteil war, nämlich die schlechte Erreichbarkeit, erwies sich Ende des 20. Jahrhunderts als extrem hinderlich. Kein Tourist verirrte sich in das gut versteckte Dörfchen, und ein Ausflug von dort in die Stadt oder auch nur in einen größeren Ort über die einzige holprige Schotterstraße glich einer logistischen Herausforderung. Die Feldarbeit auf dem steinigen Untergrund war sowieso zu anstrengend und brachte auch nichts ein im Vergleich zu der schnellen Drachme, die sich unten am Strand machen ließ. Und so verließen auch die letzten Einwohner die kleinen alten Steinhäuser ihres Heimatdorfes, nicht ahnend, dass ein englisch-holländisches Paar diesem schon bald neues Leben einhauchen würde.

Mit viel Naturstein aus der Region und wenig Beton erschufen sie ein kleines, privates Ferienparadies. Bestehende Mauern, Torbögen, Brunnen und Treppen wurden wo möglich erhalten und stilvoll ergänzt, Dächer wurden neu gedeckt, Bäume gepflanzt und Beete angelegt. Heute besteht das »Rou Estate« aus 14 liebevoll restaurierten Steinhäusern (ein jedes trägt den Namen einer Blume, die man hier findet), welche von einer englischen Agentur entweder als Sommerresidenzen oder als Ferienhäuser vermietet werden. Ergänzt wird die Anlage durch ein Restaurant, einen Spa-Bereich und einen Pool.

Der britische Stil zeigt sich vor allem auch in den von einer talentierten britischen Landschaftsdesignerin gestalteten Gärten, die mit natursteingepflasterten Pfaden und Treppenwegen untereinander verbunden sind.

Adresse Rou Estate, 49100 Korfu | **Anfahrt** Von der Ostküstenstraße fährt man zunächst nach Porta und Santa, dort zweigt eine ausgeschilderte Straße nach Rou ab. | **Öffnungszeiten** in Privatbesitz und nur von außen zu besichtigen | **Tipp** Rou ist nicht das einzige verlassene Dorf im nordöstlichen Pantokratorgebirge. Auch die Orte Palies Sinies und Mengoulas sind interessante Zeitzeugen, die jedoch nicht so aufwendig restauriert wurden.

100__Der Canal D'Amour

Viel besser als sein Ruf

Ja, der Ort Sidari hat ein Negativimage: Bars mit gigantischen Bildschirmen übertragen die englische Premier League. Krebsrote Touristen in Badekleidung essen in Fast-Food-Restaurants, in denen der Salat mit Mayonnaise statt mit Olivenöl angemacht wird. Souvenirgeschäfte verkaufen chinesische Billigwaren, und am Abend schallen Elvis-Tribute- und Karaoke-Shows durch die Straße.

Und ja – der Ort hat seine Ursprünglichkeit bereits in den 80er Jahren an das schnelle Geld mit den britischen Reiseunternehmen verloren. Kaum etwas erinnert mehr an den Charme des kleinen Fischerörtchens mit seinem langen goldenen Sandstrand vor Einzug der Touristenscharen. Und dennoch: Neuerdings können Besucher Sidaris einen Wandel erleben: Hier und da bieten Geschäfte und Lokale eine höherwertige Produktpalette an, eröffnen Bioläden und hippe Strandbars, werden anspruchsvollere Live-Events organisiert.

Und nach wie vor ist die landschaftliche Attraktion der Region, der Canal D'Amour, eine der schönsten von ganz Korfu. Am nordwestlichen Ende des Strandes von Sidari beginnt ein schmaler, gepflasterter Fußweg in Richtung der Klippenlandschaft. Er führt so nah an der Küste entlang, dass er immer wieder spektakuläre Ausblicke auf die bizarr wirkenden Sandstein- und Lehmfelsen freigibt, zwischen denen sich Buchten und Fjorde mit schmalen Sandstränden, Felsentoren und Höhlen eingefräst haben. Am Ende des Weges befindet sich der Canal D'Amour, der berühmteste Abschnitt dieser Küste. Um ihn ranken sich Legenden, die auf die romantische Ader der Touristinnen zielen. Verliebte, die hier hindurchschwimmen, würden fortan nicht mehr getrennt werden, heißt es. Und auf Singles würde am Ende des Kanals die große Liebe warten! Wer dies erfunden hat, weiß keiner. Jedoch wussten die einheimischen jungen Männer ziemlich genau, wie sie die Geschichte zu ihren Gunsten ausnutzen konnten.

Adresse Sidari, 49081 Korfu | **ÖPNV** Grüner Bus, Linien A 1, A 2, A 8 und A 11, Ausstieg in Sidari, dann circa 20 Minuten zu Fuß | **Anfahrt** Von Korfu Stadt fährt man immer Richtung Norden, entweder über den Troumpetta-Pass oder an der Küste entlang über Acharavi. Sidari ist gut ausgeschildert. | **Tipp** Vom Hafen von Sidari aus kann man tolle Tagestouren entlang der Klippenlandschaft machen, die von der Wasserseite noch eindrucksvoller erscheint. Es gibt auch ein Ausflugsboot nach Ereikoussa.

101 Die Insel Kyradikaia

Das alte Kloster im Meer

Wenn man in der Mitte von Korfus Westküste, etwa zwischen den Stränden von Agios Gordios und Kontogialos, aufs Meer schaut (was an sich schon sehr empfehlenswert ist), springt dieser kleine begrünte Felsen förmlich ins Auge. Seine Wände fallen fast senkrecht ins Meer hinab, während sein Gipfel eine Art Plateau bildet. Schaut man genauer hin, erkennt man auf diesem Plateau eine winzige Kirche und einen schmalen Weg, der sich an der dem Ufer zugewandten Seite zu dieser hinaufschlängelt.

Das 60 Meter lange Inselchen trägt den Namen Kyradikaia beziehungsweise Keradikia (Betonung auf dem letzten a), eine der vielen Bezeichnungen für die Muttergottes, der die Kirche gewidmet ist. In der Vergangenheit war hier ein Kloster, das von zahlreichen Mönchen bewohnt wurde und – wie aus alten Schriften hervorgeht – in der Gegend großen Einfluss hatte. Die Geistlichen legten nicht nur ein Hafenbecken vor der Insel an, um sich mit frischem Fisch versorgen zu lassen. Sie bauten auch einen Treppenweg zum Gipfel des Felsens und kultivierten die auf der Insel wachsenden Oliven, Feigen und Kakteen. Außerdem verfügten sie über große Ländereien im gegenüberliegenden Dorf Sinarades, zu deren Johanneskirche ihr Kloster gehörte. Es heißt, dass ihnen auch Olivenhaine und Weinberge auf der gesamten Südhälfte der Insel zur Verfügung standen.

Dabei ist die Kirche Kyradikaia gerade einmal sechs mal vier Meter groß. Innen gibt es zwei Wandmalereien: Die eine zeigt die Muttergottes mit dem kleinen Christus, und die andere stellt Maria, Christus und Johannes den Täufer dar. Etwas abseits des Gotteshauses befindet sich ein Nebengebäude, in dem die Zellen der Geistlichen sowie deren Lagerräume untergebracht waren.

Zweimal pro Jahr werden in der kleinen Kirche auch heute noch Messen abgehalten, zu denen die Gläubigen der umliegenden Dörfer mit Booten gebracht werden.

Adresse Sinarades, 49084 Korfu | ÖPNV Blauer Bus, Linie 11, Ausstieg in Kontogialos | Anfahrt Zwar gehört die Insel zu Sinarades, jedoch ist das ein Bergdorf. Der nächstgelegene Küstenort ist der Strand Kontogialos von Pelekas. Von dort schwimmend (der Abstand zur Küste beträgt etwa 150 Meter) oder per Tretboot zu erreichen. | Tipp Man sollte Maske und Schnorchel mitbringen, denn um den Felsen herum gibt es eine interessante Unterwasserlandschaft.

102__Die Papyrella

Schiffsbau wie in der Steinzeit

Nanu, was ist das denn? Beim Herumstöbern im Volkskundemuseum von Sinarades zwischen all den Töpfen und Tiegeln, Kesseln und Krügen, Ikonen, Trachten und Werkzeugen aus dem letzten Jahrhundert stößt man auf einmal auf ein besonderes Exponat: Mitten im Raum ist hier in einer mit Muscheln dekorierten Vitrine eine schlittenförmige Konstruktion aus Stroh aufgebaut. Das Teil hat rechts und links schmale Holzpaddel, und bei näherem Hinsehen erkennt man, dass es sich um eine Art Floß handeln muss. Ein Bilderrahmen mit vier Fotos erklärt die Herstellung und den Gebrauch dieses eigentümlichen kleinen Schiffchens mit dem Namen Papyrella.

Die Papyrella gehört zu den Schilf-Flößen, den ältesten maritimen Fahrzeugen, die auf dem Mittelmeer unterwegs waren. Sie wurden bereits in der Steinzeit mit dem damals vorhandenen Know-how und den verfügbaren Werkzeugen aus Binsen und Schilf gefertigt: Der Binsen wurde gebündelt und zwischen ein dreieckiges Gestell aus Schilf geschichtet. Wie auf Flößen üblich, konnten die Wellen zwischen den Ritzen versickern, wodurch die Papyrella unsinkbar und relativ stabil auf See war. Ihr Vorbild kam vermutlich aus Ägypten, wo man Papyrus als Rohstoff verwendete und den Namen erfand. Dass Papyrus, Schilf und Co. auch über längere Zeit schwimmfähig bleiben, hat bereits Thor Heyerdahl mit seinen Expeditionen bewiesen. Anscheinend bilden diese Pflanzen eine Art Wachsschicht aus, die das Eindringen von Wasser verhindert.

Auf Korfu wurden Papyrellas noch bis ins 20. Jahrhundert gebaut und genutzt. Ebenso wie die trichterförmigen Reusen aus Korb und Myrthenholz, die zum Muränenfang eingesetzt wurden, und viele andere Ausstellungsstücke, die man in dem kleinen zweistöckigen Gebäude in Sinarades besichtigen kann. Hier bekommt man einen lebendigen Eindruck von der Wohn- und Arbeitswelt einer korfiotischen Bauernfamilie im 19. Jahrhundert.

Adresse Folklore Museum Sinarades, 49084 Korfu | ÖPNV Grüner Bus, Linie B 14, Ausstieg an der Abzweigung nach Sinarades, von dort circa 20 Minuten zu Fuß | Anfahrt Man erreicht den Ort Sinarades über Pelekas. 500 Meter vor dem engen Dorfzentrum kann man an einem Verkehrskreisel parken. Dann geht man zu Fuß am Dorfplatz vorbei und folgt gegenüber der Turmuhr der Ausschilderung nach rechts zum Museum. | Öffnungszeiten Mai–Okt. Di–Sa 9.30–14 Uhr | Tipp Nicht nur im Volkskundemuseum, sondern auch im Ort Sinarades selbst wird die Vergangenheit lebendig. Die Struktur und die Architektur des alten Dorfkerns sind weitgehend unverändert.

103_Der Erdbeerbaumwald

Man isst besser nur eine (Handvoll)

Wenn ein Erdbeerbaum Früchte trägt, muss man schon Bauklötze auf den Augen haben, um ihn zu übersehen. Man muss auch kein Pflanzenkundler sein, um ihn zu erkennen. Seine intensiv roten Früchte erinnern tatsächlich an Erdbeeren, und der Impuls, eine zu pflücken und in den Mund zu stecken, ist groß. Aber halt: Kann man diese Frucht überhaupt essen, oder ist sie womöglich sogar giftig?

Seit der Antike wird über diese Frage diskutiert. Hippokrates empfahl die Beere als Heilmittel bei Thrombosen. Verschiedene Botaniker berichten jedoch über negative Wirkungen auf das Verdauungssystem. Ihr lateinischer Name *Urbutus unedo* soll sich von dem Leitsatz »unum tantum edo« ableiten, was so viel bedeutet wie »ich esse nur eine«. Tatsächlich ist die Baumerdbeere – auf Griechisch Koumara – auch in größeren Mengen genießbar. Aber man sollte nur die reifen Früchte naschen. Im unreifen Zustand schmecken die Früchte scheußlich und können Übelkeit hervorrufen. Sobald sie überreif sind, produzieren sie angeblich Alkohol und sollten deshalb in Maßen verköstigt werden.

Die Ähnlichkeit mit Erdbeeren ist allerdings rein optisch. Geschmacklich erinnern sie eher an Melone. So verdienen das Attribut »lecker« eher die Marmeladen und Liköre, die aus der Kumara hergestellt werden.

Botanisch wird der Erdbeerbaum in die Gruppe der Heidekrautgewächse eingeordnet und ist somit ein naher Verwandter der Erika. Auf Korfu findet man beide Gewächse, deren Ähnlichkeit sich, wenn überhaupt, in den glöckchenförmigen Blüten zeigt, relativ häufig gemeinsam. Und zwar gern am Wegesrand, in Gesellschaft von Ginster, Kermeseiche und Co.

Ganz im Nordosten der Insel, auf der ausschließlich zu Fuß zu erreichenden Halbinsel Erimitis, begegnet man der Koumara nicht als Strauch, sondern als beeindruckend hohem, schattigem Baum in einem für Korfu einzigartigen Erdbeerbaumwald.

Adresse Erimitis, Sinies, 49100 Korfu | **ÖPNV** Grüner Bus, Linie A 12, Ausstieg in Kassiopi / Avlaki, von dort erreicht man den Wanderweg, der am Erdbeerbaumwald vorbeiführt | **Anfahrt** Man fährt bis nach Agios Stefanos. Hinter der Taverne »Eukalyptus« beginnt ein Fußweg, auf dem man in etwa einer Stunde zum Erdbeerbaumwald gelangt, der zwischen dem See Vromolimni und der Kiesbucht Limnopoula liegt. | **Tipp** Man sollte hierherkommen, solange es noch möglich ist, denn trotz ihrer hohen ökologischen Bedeutung wurde die Halbinsel Erimitis von der griechischen Treuhandgesellschaft an einen Privatinvestor verkauft. Seitdem ist das Gebiet der politische Zankapfel Korfus und wurde 2020 sogar Opfer eines Brandanschlags.

104_Die Nordostküste

Exklusives Ambiente an der Straße

Willkommen an der Côte d'Azur von Korfu! Wer noch einen sechs- bis siebenstelligen Geldbetrag übrig hat, könnte hier, im Nordosten Korfus, oberhalb der Buchten von Sinies noch ein schickes Stückchen Land finden. Dank der relativ steilen Hanglage ist ein unverbaubarer Blick auf eine malerische Szene mit rundem Hafenbecken und den im türkisblauen Wasser dümpelnden Segelyachten garantiert.

Unter unermüdlichem Einsatz von Planierraupen und mit Hilfe von mächtigen (Naturstein-)Mauern und jeder Menge Schotter (also Kies) wurde und wird hier bereits reichlich Baugrund für großzügige Villengrundstücke erschaffen. Als eine der ersten Luxusvillen im Ort ließ Baron Rothschild sein Anwesen erbauen. Wie eine Burg thront es oberhalb der Nachbarbucht und trägt den Spitznamen »Kensington Summer Palace«, denn hier verbringen auch Prinz Charles und Camilla Parker-Bowles gern ihre Sommerferien.

Bei der Ausgestaltung ihrer Prestigeobjekte übertreffen sich die milliardenschweren Grundstückseigentümer gegenseitig: Moderne Extravaganz trifft auf traditionelle und rustikale Elemente – Glas, Terrakotta und regionaler Naturstein aus den nahen Steinbrüchen spielen eine Schlüsselrolle. Gartenarchitekten ordnen Oleander, Bougainvillea- und Pfingstrosensträucher geschickt zwischen Oliven- und Obstbäumen an. Aber keine Angst: Der nächste Nachbar ist weit genug entfernt, sodass das Gefühl, allein in diesem immergrünen, dicht bewaldeten Paradies zu sein, nicht gestört wird.

Direkt gegenüber, zum Greifen nahe, liegt das immer noch bitterarme Albanien. Bei klarem Wetter erkennt man die Hafenstadt Ksamil und den Butrint-Nationalpark. In der Vergangenheit haben albanische »Auswanderer« die zwei Kilometer breite Straße von Korfu schwimmend oder im Gummiboot überquert. Heute reinigen sie die Pools der Großgrundbesitzer oder stutzen deren Rasen, Rosen- und Oleanderbüsche.

Adresse Agios Stefanos, Sinies, 49081 Korfu | **Anfahrt** Von Kassiopi aus folgt man der Hauptstraße nach Korfu Stadt. Hinter einer Tankstelle zweigt eine kurvenreiche Straße nach Agios Stefanos ab. | **Tipp** Der Naturstein, der hier gern verbaut wird, stammt aus den Steinbrüchen der oberhalb gelegenen Ortschaften.

105 Das Bergdorf

Ein Ort zum (Auf-)Tanken

Das Dorf Sokraki liegt auf halber Höhe zum Pantokrator und ist daher bei Bikern und Jeep-Safaris sehr beliebt. Um es zu erreichen, muss man sich in mehr als 20 Haarnadelkehren Kilometer um Kilometer von Kato Korakiana hinaufschrauben. Fahrzeug und Fahrer brauchen dann unter Umständen erst mal Flüssigkeit. Für Letzteren und seinen schwummerigen Beifahrer wird am Dorfplatz zum Glück eine Spezialität serviert, deren Hauptzutat Ingwer bekanntermaßen dem Vertigo entgegenwirkt.

Ingwerlimonade, auf Korfiotisch »Tzitzibira«, ist ein Produkt, das im 19. Jahrhundert mit den Engländern auf die Insel kam und schnell zum Lieblingsgetränk der Korfioten wurde. Die Briten zogen ein Jahrhundert später ab – das bittersüß-saure Getränk blieb. Es wird auch heute noch in einer kleinen Fabrik auf traditionelle Weise aus Ingwer, Zitrone, Zucker, Wasser und Hefe gebraut und enthält weder Zusatzstoffe noch Alkohol.

Sobald die Ingwerlimonade Fahrer und Crew wieder auf die Beine gebracht hat, wird die Gegend erkundet. Sokraki gehört zu den ältesten Dörfern der Insel, und das Fotoalbum »Traditionelle korfiotische Architektur« wird hier ganz sicher durch ein paar Motive bereichert. Ebenso wie das mit den Panoramabildern. Am unteren Ende des Dorfes überblickt man den Nordteil Korfus, von Troumpettas bis nach Kassiopi. Diese Sicht nutzte auch schon die deutsche Wehrmacht im Zweiten Weltkrieg und errichtete hier oben einen Stützpunkt, der den ältesten Dorfbewohnern noch gut in Erinnerung ist. Am anderen Dorfende, von der Aussichtsplattform unterhalb der Sokraki Villas, schaut man ebenso spektakulär auf die Ostküste bis nach Korfu Stadt.

Bevor es weiter zum Pantokrator geht, sollte man jedoch noch einmal bei der (zum Glück ausgeschilderten) Tankstelle, die sich in einer Sackgasse oberhalb des Dorfes versteckt, vorbeischauen. Dort gibt es nämlich noch einmal einen phantastischen Ausblick zu bestaunen.

Adresse Sokraki, 49083 Korfu | ÖPNV Grüner Bus, Linie A 14, Ausstieg in Sokraki | Anfahrt Von Ano Korakiana aus folgt man der ausgeschilderten Serpentinenstraße. Alternativ erreicht man das Dorf vom Troumpetta-Pass aus. | Tipp Sokraki ist auch ein Eldorado für Wanderer. Der Inhaber der Olivenholzwerkstatt am Dorfplatz kennt sich gut aus und setzt sich engagiert für die Erhaltung der Wanderwege ein.

106 Die Panagia ton Dromon

Die Jungfrau der (Kraft-)Wege

Seit der Antike sind sie bekannt, die sogenannten Kraftlinien oder Ley-Lines – quer durch die Landschaft verlaufende, gradlinige Verbindungen zwischen bedeutsamen Kultstätten oder Kirchen. Am berühmtesten ist wohl die »St.-Michaels-Linie« oder »Ley-Linie des Drachen«. Sie führt von Irland bis ans Mittelmeer und verbindet Orte miteienander, die dem Erzengel Michael gewidmet sind. Zufälligerweise (oder war es doch Berechnung?) ergibt sie eine perfekte Linie mit der untergehenden Sonne am Tag der Sommersonnenwende.

Man mag daran glauben oder auch nicht, das ehemalige Kloster Panagia ton Dromon etwas abseits von Korfus höchstgelegenem Dorf Strinilas liegt jedenfalls genau auf dieser Linie. Dazu passt das Drachenrelief über der Eingangstür zum Haupthaus, denn der Drache spielt im Erzengel-Michael-Kult eine Hauptrolle. Er verkörpert nämlich Luzifer, den »Lichtträger«, der einst gemeinsam mit Michael eine göttliche Miliz führte. Die zwei galten als die strahlendsten unter den Engeln, die stärksten, die mutigsten und diejenigen, die am nächsten bei Gott sind. Doch dann rebellierte Luzifer gegen Gott, und Michael vertrieb ihn aus dem Himmel. Aus Luzifer wurde der Teufel. In den Kult um den Erzengel Michael fließt auch die Figur der Jungfrau Maria ein. Beide kämpfen gegen den Teufel, der oft in Form einer Schlange oder eines Drachens dargestellt wird. Und beide beschützen die Menschen vor der Schmeichelei des Teufels und bewahren sie vor dem Bösen.

Der Jungfrau Maria ist auch das Kloster gewidmet: Den Namen Panagia ton Dromon, auf Deutsch »Jungfrau der Wege«, verdankt sie ihrer Lage, denn an der Stelle, an der sie gebaut wurde, kreuzten sich damals zwei Pilgerwege.

Die ursprüngliche Kirche ist übrigens eine der ältesten auf Korfu. Sie existiert bereits seit dem Jahr 800 nach Christus und diente als Vorbild für das Kloster Pantokrator.

Adresse Strinilas, 49100 Korfu | Anfahrt Von der Ostküstenstraße biegt man in eine kurvenreiche Straße nach Spartylas ab. Von dort fährt man den Schildern entsprechend in Richtung Strinilas. Noch vor dem Ortskern zweigt ein ausgeschilderter Weg nach rechts zur Kirche ab. | Öffnungszeiten Das ehemalige Kloster kann besichtigt werden, allerdings gibt es keine festen Öffnungszeiten. | Tipp Das Dorf Strinilas liegt auf dem Weg zum Pantokrator. Es hat einen schönen Dorfplatz, wo man unter einer alten Ulme gemütlich einkehren kann.

107 Evdokia

Die Geschichte der alten Dame

Als Evdokia aus der Erde spross, gehörte Korfu noch zum Oströmischen Reich. Sie wuchs in unruhigen Zeiten heran, und ihre frühesten Erfahrungen waren von Piratenangriffen und barbarischen Invasoren geprägt. Als mehrere Jahrhunderte später die Venezianer die Herrschaft über die Insel erlangten, war Evdokia schon ein alternder Baum. Aber jetzt begann eine angenehme Zeit für sie. Viele neue Olivenbäume wurden rings um sie herum gepflanzt. Die Menschen pflegten und hegten sie und sorgten sich um ihre Gesundheit. Sie befreiten ihren Stamm von unangenehmen Pilzen und ihre Blätter von Schädlingen. Zum Dank dafür überließen ihnen Evdokia und ihre Nachbarinnen gern ihre Früchte und hin und wieder ein bisschen Holz. So vergingen die Jahrhunderte. Krankheiten, Epidemien und zwei Weltkriege zogen an den Bäumen vorbei. Die Zahl der Generationen, denen Evdokia und ihre Kolleginnen das Überleben gesichert haben, ließ sich längst nicht mehr mit den Fingern zählen.

Doch als Evdokia schon mehr als 1.000 Jahre alt war, wurde alles anders. Die Menschen hörten auf, sich um ihre Bäume zu kümmern. Sie ließen die Oliven arglos herunterfallen, das Holz unkontrolliert in die Höhe wachsen, den Boden versauern. Evdokia musste sogar mitansehen, wie einige ihrer ältesten Freundinnen bis auf den Stumpf abgesägt und als zukünftiges Brennholz auf große Lkws verladen wurden.

Sie selbst hat überlebt und wurde mittlerweile als einer der zehn weltweit ältesten Olivenbäume ausgezeichnet. Ihre Altersbestimmung erfolgte im Jahr 2014 durch Wissenschaftler aus Dresden. Sie bewiesen, dass sie etwa im Jahr 928 gepflanzt wurde, und fanden heraus, dass die ältesten Olivenbäume auf Korfu zwischen 735 und 1.120 Jahre alt sind. Wer sich jetzt fragt, wie man das Alter dieser Ur-Bäume bestimmt, besucht Evdokia am besten persönlich. Auf einer Schautafel wird die Methode der Altersbestimmung genau erklärt.

Adresse Strongili, 49084 Korfu | ÖPNV Grüner Bus, Linie B 13, Ausstieg in Strongili | Anfahrt Das Dorf Strongili liegt 20 Kilometer südlich von Korfu Stadt etwas abseits der Küstenstraße. Der Baum steht am Rand des Dorfes an der Kreuzung, wo die Wege nach Pano Chori, Kanavia und zur Kirche Ai. Panton abzweigen. | Tipp Von hier aus führt der Wanderweg »Corfu Trail« in ein paar Minuten in einen großen Olivenhain, in dem noch einige andere imposante Olivenbäume stehen.

108 Die Panoramastraße

Hier ist der Weg das Ziel

Für manche Korfu-Urlauber ist das der ultimative Traum von Freiheit: Mit flatterndem Hemd und ohne Helm (angeblich gibt es ja auf Korfu keine Verkehrskontrollen), nach Möglichkeit eine hübsche Sozia hintendrauf, auf zwei Rädern die Insel erkunden. Wer mit dem Roller von Korfu-Mitte aus Richtung Norden unterwegs ist (oder umgekehrt), tut gut daran, genügend PS unterm Sattel zu haben. Denn mit Leih-Rollern oder Quads der »Schnapsglas-Klasse« wird der steile Aufstieg zum Troumpetta-Pass zu einem Verkehrshindernis im Schneckentempo. (Übrigens: Die Strecke wird gern kontrolliert, und ohne Helm wird es richtig teuer!)

Früher, als man noch mit genau einer Pferdestärke unterwegs war, gab es auf dem Troumpetta-Pass, dem höchsten Punkt zwischen Mesi (Mittelkorfu) und Gyrou (Nordkorfu), eine Herberge. Hier wurden die Pferde und Maultiere getränkt, man bekam einen Teller mit Essen und je nachdem, welcher Weg noch vor einem lag, auch ein Bett. Heute gibt es noch eine Handvoll Häuser, eine Bushaltestelle und eine Taverne, vor der die Panoramastraße abzweigt.

Sie führt zunächst in Serpentinen weiter bergauf, und bereits nach wenigen Metern kommt der erste Aussichtsplatz mit Blick nach links auf die Inselmitte. Frühmorgens ist es oft nebelverhangen, und die Erhebungen lugen verschwommen zwischen den Schwaden hervor. Bald darauf blickt man zur anderen Seite auf den breiten »Kopf« der Insel. Bei klarem Wetter sind sogar die Diapontischen Inseln zu erkennen.

Die Strecke windet sich weiter durch das Dorf Alimatades, und dann geht es auch endlich mal bergab, obwohl man jetzt schon den drittgrößten Berg, den Araklis mit seinem 505 Meter hohen Gipfel, vor Augen hat. Am Ende der zehn Kilometer langen Straße gelangt man ins Dorf Makrades und kurz dahinter zur Aussichtsterrasse »Bella Vista«, die dann noch einmal ihrem Namen alle Ehre macht.

Adresse Troumpetas, 49083 Korfu | ÖPNV Grüner Bus, Linie A 16 | Anfahrt Von Korfu Stadt aus fährt man in Richtung Norden, an höchster Stelle, auf dem Troumpetta-Pass, zweigt die Straße nach links ab. | Tipp Auf der Straße passiert man die rot gestrichene Kirche Agios Georgios. Gegenüber zweigt ein Weg ab, der in wenigen Minuten zu einer weiteren kleinen Kapelle mit grandioser Aussicht führt – ein perfekter Platz für eine Pause.

109__Die Biofarm

Da lachen die Hühner

Über Käfige, Elektrozäune und Eierlegen im Akkord können die 1.000 Hühner hier nur amüsiert gackern. Sommers wie winters scharren und picken die nämlich munter zwischen Olivenbäumen in ihrem großen Freilaufterrain. Hier und da legen sie dann mal ein Ei (und sonntags vielleicht auch zwei). Einmal täglich dürfen sie sogar auch außerhalb ihres Geheges auf der großen Farm spazieren gehen, um frisches Grünzeug zu knabbern. Wenn sie genug gefressen haben, kuscheln sie sich unter einem Baum in den Schatten, baden im Staub und putzen ihre Gefieder, bis sie pünktlich zum Sonnenuntergang in ihrem geräumigen Stall den Kopf unters Gefieder stecken.

Die Eier von diesen glücklichen Hühnern kann der Besucher direkt auf der Farm kaufen. Und wenn er will, bedient er sich auch noch im Öko-Gemüse- oder Kräutergarten oder nimmt ein Fläschchen Olivenöl mit. Das wird in der hofeigenen Olivenmühle aus den Früchten der 3.000 Olivenbäume produziert, die hier – natürlich kontrolliert biologisch – angebaut und nachhaltig bewirtschaftet werden. Der Aspekt der Nachhaltigkeit ist hier überhaupt das Gelbe vom Ei: Alles, was auf der siebeneinhalb Hektar großen Farm wächst und gedeiht, wird so gefüttert, gepflegt und gehegt, dass die »Abfallprodukte« auf dem Hof weiterverwertet werden können.

Außer Hühnern und anderem Geflügel leben auch ein paar Pferde, Schafe, Rehe und Bienen auf dem Biohof, die der Besucher aus der Nähe kennenlernen kann. Wer hierherkommt, geht zwischen den Gehegen spazieren oder setzt sich auf eine Bank neben dem Spielplatz und schaut dem Nachwuchs beim Toben zu.

Ein traditionelles Landhaus beherbergt einen Shop und (besonders beliebt) eine Ausstellungshalle. Hier können Öl, Wein und andere korfiotische Produkte verkostet und eingekauft werden. Für Gruppen gibt es dazu kleine korfiotische »Mezedes«, die auf dem rustikalen Holztisch serviert werden.

Adresse Varypatades, 49084 Korfu | **ÖPNV** Blauer Bus, Linie 11, Ausstieg am Abzweig nach Varypatades | **Anfahrt** Man fährt auf der Landstraße in Richtung Pelekas. Etwa einen halben Kilometer nach dem Kreisel in Afra zweigt man nach links ab und erreicht in zwei Kilometern den Ort Varypatades. Die Farm liegt etwas abseits und ist hinter dem Dorf ausgeschildert. | **Tipp** In den beiden Dörfern Varypatades und Kalafationes scheint die Zeit stillzustehen. Die beiden gemütlichen und sehr ursprünglichen Dörfer sind durch einen Wanderweg miteinander verbunden, der mit einem Igel ausgeschildert ist.

110 Die winzige Insel

Gefängnis mit Charme

Diese winzige Insel hat Karriere gemacht: Vido, nur 600 Meter breit und 1.000 Meter lang, vis-à-vis dem Alten Hafen, gehörte einst dem venezianischen Adligen Pietro Malipiero, der sie nach seinem Sohn Guido benannte (Vido – Insel von Guido). Seitdem ging sie reihenweise durch die Hände der verschiedensten Mächte: Die Türken benutzten Vido als Basis für ihre – letztendlich gescheiterten – Eroberungsversuche von Korfu. Und auch die Franzosen, die Briten und später die deutsche Wehrmacht hatten hier einen Stützpunkt für ihre Streitkräfte.

Im Ersten Weltkrieg suchten serbische Soldaten Schutz auf Korfu, damals war Vido so etwas wie eine Quarantänestation, und viele der Männer ließen dort ihr Leben (siehe Ort 8). Als Erinnerung an sie wurde ihnen ein Mausoleum errichtet, das von den Nachfahren der Soldaten auch heute noch besucht wird. Anschließend wurde Vido zu einer Gefängnisinsel, zunächst für Kriminelle, dann während der deutschen Besatzung und des anschließenden Bürgerkriegs für Kriegsgefangene. In den Jahren 1948 bis 1976 saßen minderjährige Straftäter hier ihre Haftstrafe ab. Der Legende nach soll das Gefängnis übrigens über einen Tunnel mit dem Festland verbunden sein.

Seit 1985 ist das Inselchen Eigentum der Gemeinde Korfu. Pfadfinder haben auf dem unter Naturschutz stehenden Eiland ihr Ferienlager, und die korfiotischen Städter flüchten im Sommer aus der brodelnden Hauptstadt in eine Oase der Ruhe. Man geht schwimmen und erfreut sich an der ungewöhnlich reichen Tier- und Pflanzenwelt. Wilde Rebhühner und Hasen laufen beziehungsweise hüpfen hier oft über den einzigen Wanderweg. Im Sommer pendelt ein kleines Boot zwischen Korfu und Vido.

In den letzten Jahren bemüht sich jedoch ein Luxushotel um die Exklusivrechte an dem smarten Inselchen. Das Restaurant haben sie bereits von der Inselverwaltung gepachtet, und daher sollte man Vido besuchen, solange es noch geht.

Adresse Vido | **ÖPNV** Das Boot legt etwas abseits vom Alten Hafen von Korfu Stadt, gegenüber der BP-Tankstelle, an und ab. | **Anfahrt** Am Alten Hafen gibt es Parkmöglichkeiten, von dort setzen während der Saison Passagierboote über. | **Tipp** Badesachen nicht vergessen, denn auf Vido gibt es einen kleinen, naturbelassenen Strand.

111 Das Olivenmühlenmuseum

Olivenölproduktion anno dazumal und heute

Unterhalb von Messonghi hat sich die touristische Infrastruktur nicht besonders weit entwickelt. Es scheint, als sei die Gegend ein einziger riesiger Ölbaumgarten. Und das ist auch so. Im Mittelalter wurde die Olivenkultur auf Korfu gezielt angelegt, um Lampenöl für die Straßenlaternen Venedigs zu produzieren. Seitdem wuchs die Zahl der Bäume auf der Insel stetig. Bereits im 18. Jahrhundert gab es über zwei Millionen Ölbäume, und mittlerweile schätzt man, dass es doppelt so viele sind. Dank der großen Beliebtheit von Olivenöl ist der korfiotische Ölgarten in den letzten Jahren zu einer touristischen Attraktion geworden. Denn hier im Süden stehen die größten und ältesten korfiotischen Ölbäume, und so gut wie jede Familie war oder ist hier im Winter mit der Ernte und der Verarbeitung der Oliven beschäftigt. So auch die Familie Mavroudis. Der Ururgroßvater von Spyros und Vangelis (oder vielleicht auch schon dessen Vater) hat das schwere steinerne Mühlrad und die Holzschraube seiner Olivenpresse noch selbst in Bewegung gesetzt. Wie sich seitdem die Technik der Ölgewinnung weiterentwickelte – zuerst mit Eseln, dann mit Wasserkraft und später mit Dampfmotoren –, präsentieren die Mavroudis-Brüder ihren Gästen anschaulich anhand der ausgestellten Anlagen und der großen und kleinen Hilfsmittel.

Anschließend geht es in die neue, hochmoderne, mehrstraßige Ölmühle der Familie im Gebäude nebenan. Hier werden nicht nur die eigenen Oliven verarbeitet, sondern auch die der Kleinbauern in der Umgebung. Sie ist die größte Olivenmühle der Insel, und das Öl, das hier erzeugt wird, wird natürlich nicht in Öllampen verbrannt. Die jüngsten Mavroudis produzieren ausschließlich kalt gepresstes Olivenöl von bester Qualität. Das mit Kräutern, Früchten oder Gewürzen aromatisierte und mit internationalen Preisen ausgezeichnete Öl kann natürlich vor Ort verkostet werden.

Adresse Vraganiotika, 49080 Korfu | ÖPNV Grüner Bus, Linie B 1, B 5 | Anfahrt Das Museum liegt hinter dem Dorf Vraganiotika an der Hauptstraße Richtung Lefkimmi. | Öffnungszeiten in der Saison Mo–Sa 9–20 Uhr, So 9–13 Uhr | Tipp Im Jahr 2020 erhielten gleich mehrere Öle des Unternehmens internationale Auszeichnungen: Knoblauchöl, Basilikumöl, Oreganoöl und Chiliöl gehören zu den Goldmedaillengewinnern. – In fünf Kilometer Entfernung in Richtung Agios Matthäos stehen die noch gut erhaltenen Reste einer der ältesten Befestigungsanlagen der Insel, der Gardiki-Burg aus dem 13. Jahrhundert.

1
100
Sidari
95
Peroulades
Astrakeri
Roda
Karousades
Avliotes
Livadi
81
Platonas
85
Agios
Stefanos
82
Magoulades
Nymfes
10
16
14
Velonades
15
Kavvadades
68
Arillas
17
Klimatia
Mesaria
Drosato
Afionas
Agros
105
1
3
Sokraki
Agios
Georgios
87
Arkadades
108
Pagoi
11
Skripero
Alimatades
83
23
22
Makrades
21
Doukades
Krini
72
71
Paleokastritsa
89
88
90
Liapades
77
Kanakades
79
Marmaro
Giannades
27
N
0
1 km
Ermones

2
9
Perithia
Acharavi
37
36
38
Kassiopi
Loutses
80
Vrachleri
103
Agios Stefanos
104
91
Palia Perithia
Episkepsi
86
Porta
92
99
Kalami
70
35
106
Strinilas
Gimari
Sgourades
Kentroma
ygos
Spartilas
Barbati
Kato Agios
Markos
Ipsos
40
Dassia
20
Limni
8
29
oulades
28
30
Gouvia
Kontokali
Temploni
110
60
5
24
84
Evropouli
97
Mantouki
Afra
KORFU
Potamos
6
Agios
Ioannis
Kokkini
66
Kanali
93
46
58
69
94
Kompitsi
Pelekas
56

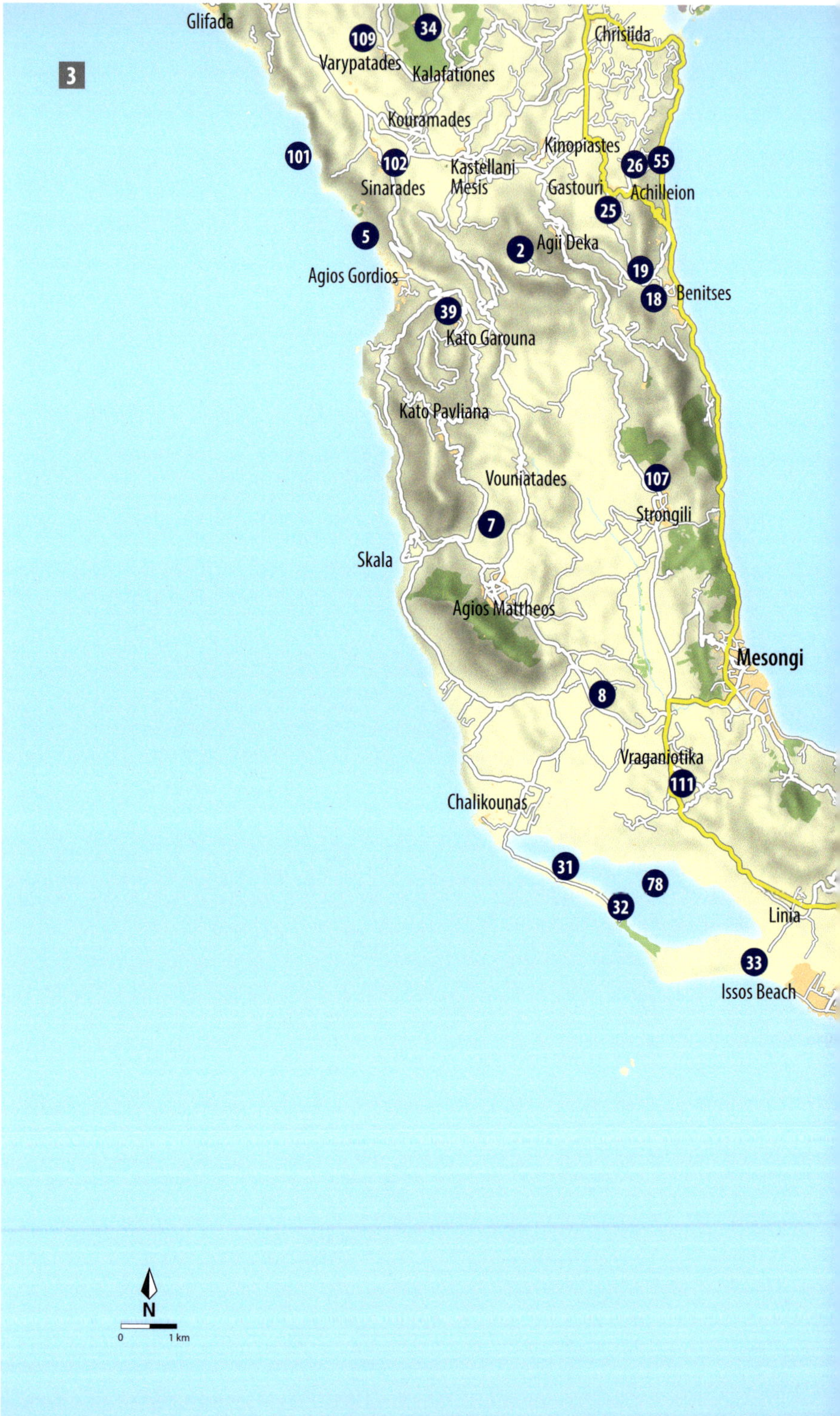
3
Glifada
109
34
Varypatades
Kalafationes
Chrisiida
Kouramades
Kinopiastes
101
102
26
55
Kastellani
Mesis
Sinarades
Gastouri
Achilleion
25
5
2
Agii Deka
19
Agios Gordios
18
Benitses
39
Kato Garouna
Kato Pavliana
107
Vouniatades
Strongili
7
Skala
Agios Mattheos
Mesongi
8
Vraganiotika
111
Chalikounas
31
78
32
Linia
33
Issos Beach
N
0
1 km

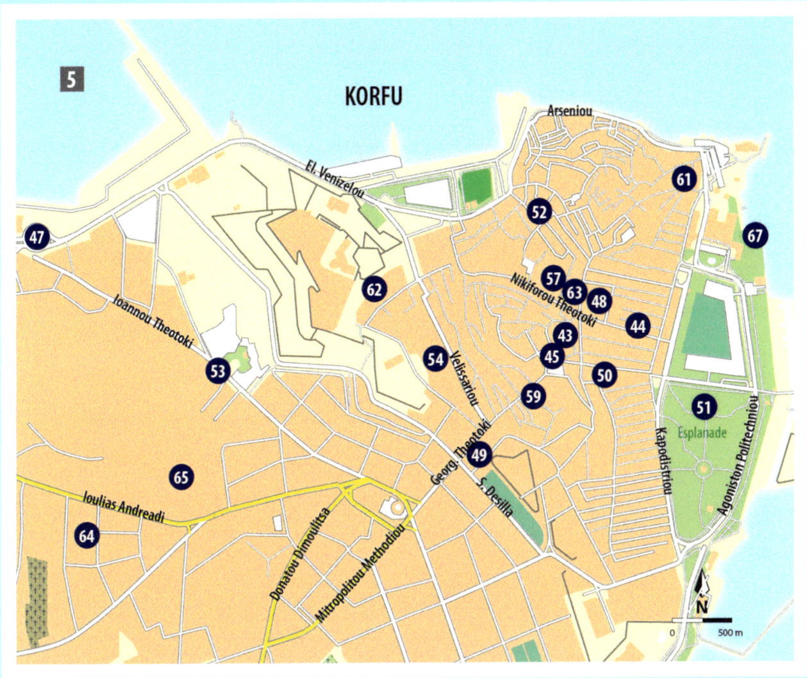
5
KORFU
Arseniou
El. Venizelou
Nikiforou Theotoki
Ioannou Theotoki
Velissariou
Georg. Theotoki
S. Desilla
Kapodistriou
Esplanade
Agoniston Politechniou
Ioulias Andreadi
Donatou Dimoulitsa
Mitropolitou Methodiou
N
0
500 m
61
52
67
47
62
57
63
48
44
43
45
54
53
50
59
51
49
65
64

4
Chlomos
Boukaris
Petriti
96
73
Molos
74
13
12
Argyrades
4
Marathias
agios Georgios
Perivoli
Ano Lefkimmi
75
76
Kritika
Paleochori
Kavos
Spartera
41
42

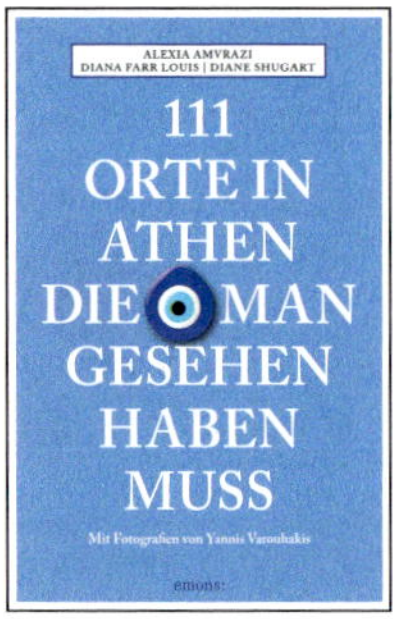

Alexia Amvrazi,
Diana Farr Louis, Diane Shugart
111 Orte in Athen, die man gesehen haben muss
ISBN 978-3-7408-0560-9

Cornelia Ziegler
111 Orte auf Kreta, die man gesehen haben muss
ISBN 978-3-95451-540-0

Julia Csabai
111 Orte in Sofia, die man gesehen haben muss
ISBN 978-3-7408-0862-4

Veronika Wengert
111 Orte in Slowenien, die man gesehen haben muss
ISBN 978-3-7408-1083-2

Ranka Keser
111 Orte in Kroatien, die man gesehen haben muss
ISBN 978-3-7408-0557-9

Beate Giacovelli
111 Orte am Comer See, die man gesehen haben muss
ISBN 978-3-7408-1201-0

Thomas Tribus
111 Orte in Meran, die man gesehen haben muss
ISBN 978-3-7408-0443-5

Max Fleschhut
111 Orte auf Elba, die man gesehen haben muss
ISBN 978-3-7408-0587-6

Franz Hlavac,
Gisela Hopfmüller
111 Orte in Friaul und Julisch Venetien, die man gesehen haben muss
ISBN 978-3-7408-0575-3

Natalino Russo
111 Orte in Neapel, die man gesehen haben muss
ISBN 978-3-7408-0478-7

Maurizio Francesconi, Alessandro Martini
111 Orte in Langhe, Roero und Monferrato, die man gesehen haben muss
ISBN 978-3-7408-0474-9

Fabrizio Ardito
111 Orte in Umbrien, die man gesehen haben muss
ISBN 978-3-7408-0238-7

Annett Klingner
111 Orte in Rom, die man gesehen haben muss
ISBN 978-3-95451-219-5

Fabrizio Ardito
111 Orte auf Malta, die man gesehen haben muss
ISBN 978-3-7408-0356-8

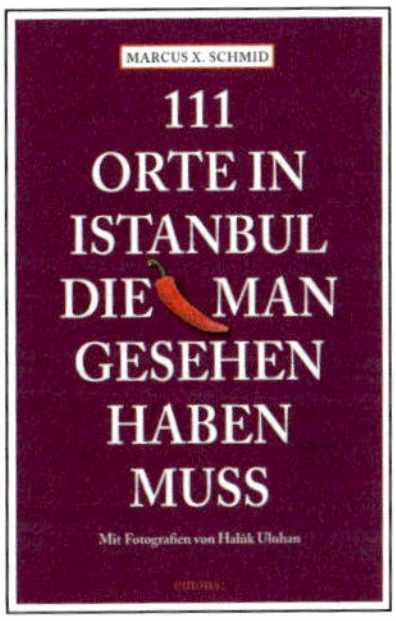

Marcus X. Schmid
111 Orte in Istanbul, die man gesehen haben muss
ISBN 978-3-95451-333-8

Christoph Hein, Sabine Hein
111 Orte in Singapur, die man gesehen haben muss
ISBN 978-3-7408-0337-7

Annett Klingner
111 Orte in Dubai, die man gesehen haben muss
ISBN 978-3-7408-0647-7

Hilke Maunder
111 Orte in Toulouse, die man gesehen haben muss
ISBN 978-3-7408-1091-7

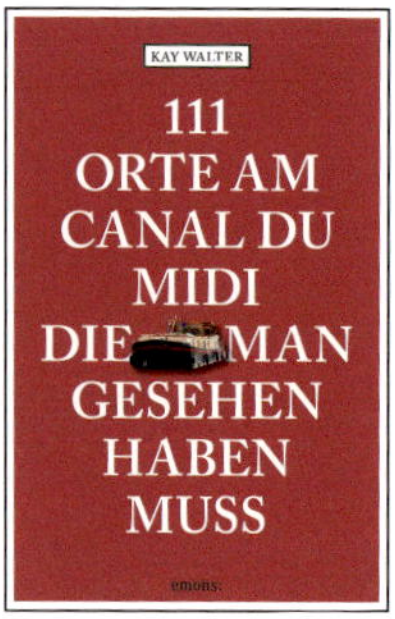

Kay Walter
111 Orte am Canal du Midi, die man gesehen haben muss
ISBN 978-3-7408-1086-3

Martin Roos,
Jean-Claude Bourgueil
111 Orte in der Champagne, die man gesehen haben muss
ISBN 978-3-7408-1084-9

Marcus X. Schmid
111 Orte in der Bretagne, die man gesehen haben muss
ISBN 978-3-7408-0572-2

Evelyn Pschak von Rebay
111 Orte in den (französischen) Pyrenäen, die man gesehen haben muss
ISBN 978-3-7408-0562-3

Ralf Nestmeyer
111 Orte an der Côte d'Azur, die man gesehen haben muss
ISBN 978-3-95451-563-9

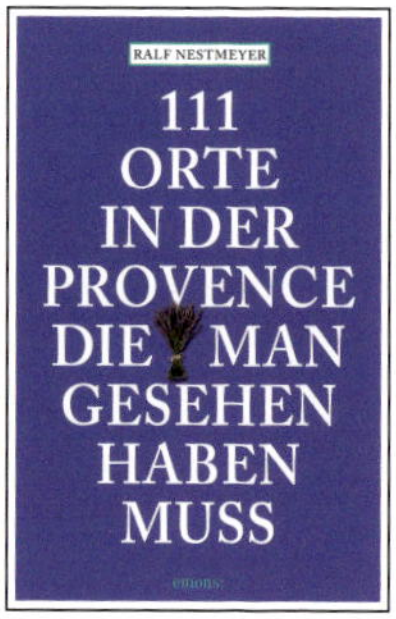

Ralf Nestmeyer
111 Orte in der Provence, die man gesehen haben muss
ISBN 978-3-95451-094-8

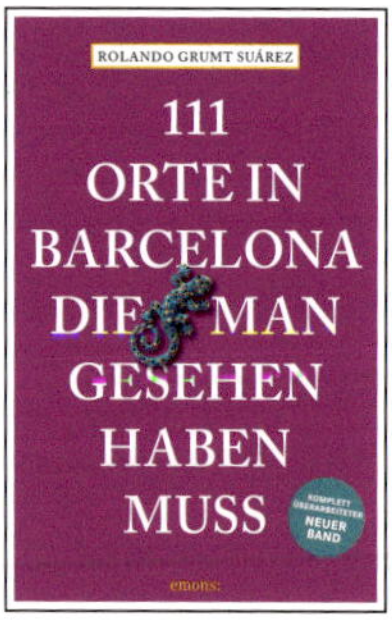

Rolando Grumt Suárez
111 Orte in Barcelona, die man gesehen haben muss
ISBN 978-3-7408-0994-2

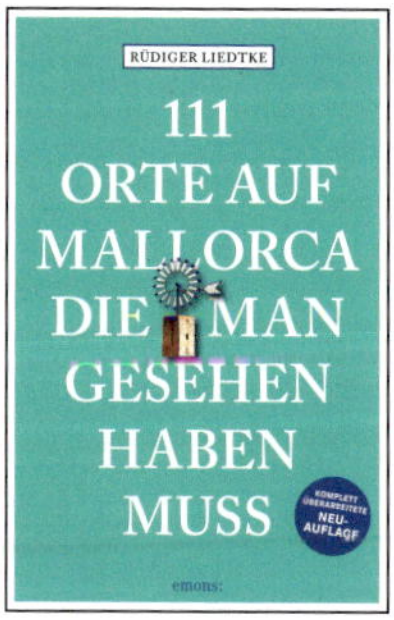

Rüdiger Liedtke
111 Orte auf Mallorca, die man gesehen haben muss
ISBN 978-3-7408-0871-6

Rolando Suárez
111 Orte auf El Hierro, die man gesehen haben muss
ISBN 978-3-7408-0846-4

Carl Lang
111 Orte auf Lanzarote, die man gesehen haben muss
ISBN 978-3-7408-0836-5

Kirsten Lux, Lisa Graf-Riemann
111 Orte auf La Palma, die man gesehen haben muss
ISBN 978-3-7408-0345-2

Sibylle von Kapff,
Gerhard von Kapff
111 Orte auf Teneriffa, die man gesehen haben muss
ISBN 978-3-95451-916-3

Dorothee Fleischmann,
Carolina Kalvelage
111 Orte an der Costa Brava, die man gesehen haben muss
ISBN 978-3-95451-561-5

Rolando Suárez
111 Orte auf Gran Canaria, die man gesehen haben muss
ISBN 978-3-7408-0436-7

Carl Lang
111 Orte auf Fuerteventura, die man gesehen haben muss
ISBN 978-3-7408-0132-8

Lust auf mehr? Laden Sie sich die »LChoice«-App runter, scannen Sie den QR-Code und bestellen Sie weitere Bücher direkt in Ihrer Buchhandlung.

LChoice

Hier bestellen

Maria Tsoukis, geboren und aufgewachsen in Deutschland, war Chemie-Ingenieurin von Beruf, verließ ihre Heimat Ende der 90er Jahre, um mit ihrer Familie auf Korfu zu leben. Dort arbeitet sie unter anderem als Sprachlehrerin, Übersetzerin und Dolmetscherin sowie Eventmanagerin. In ihrer Freizeit begleitet sie auch Reise- und Wandergruppen.

Sofia Tsoukis ist Schülerin, Hobbyfotografin und Tochter der Autorin.